Джон Мак-Артур

НАЕДИНЕ С БОГОМ

Возвращение к силе
и страстности в молитве

Благая весть
Самара, 2025

УДК 243
ББК 86.376
М15

ALONE WITH GOD

Rediscovering the Power and Passion of Prayer
John MacArthur
Published by David C Cook

Перевод: А. Раугас
Верстка: М. Литвинова

Мак-Артур Дж.

М15   Наедине с Богом : Возвращение к силе и страстности в молитве / Джон Мак-Артур; пер. с англ. — Самара : Благая Весть,
2025. — 240 с.

The Master's Academy International   УДК 243
TMAI Edition ISBN: 978-1-967358-22-9   ББК 86.376

Цитаты из Библии, если не указано иное, даны по Синодальному пе-
реводу. Цитаты по изданию «Новый Завет Господа нашего Иисуса
Христа» (пер. с греч. под ред. епископа Кассиана. М.: Рос. библ.
о-во, 2001) помечены «Кассиан». Цитаты по изданию «Библия: Новый
перевод на русский язык» (4-е изд. Б. м.: Международ. библ. о-во, 2014)
помечены «НРП». Цитаты по изданию «Библия: Современный русский
перевод» (2-е изд. М.: Рос. библ. о-во, 2015) помечены «СРП».

СОДЕРЖАНИЕ

ВВЕДЕНИЕ

Мартин Ллойд-Джонс однажды написал: «Без сомнения, молитва является высшей формой деятельности человеческой души. Человек поднимается на самую высокую духовную высоту тогда, когда опускается на колени, чтобы, молясь, войти в присутствие Божие»[1]. У комментатора Дж. Освальда Сандерса было такое возвышенное представление о молитве:

> Ни в одной духовной практике нет такого сочетания сложности и простоты. Это простейшая форма речи, доступная устам младенца, и в то же время высочайшие речения, достигающие Величия на небесах. Она столь же уместна для престарелого философа, как и для малого ребенка. Это и спонтанное восклицание, и настрой всей жизни. В ней выражается и покой веры, и подвиг веры. Это и борение, и упоение. Она послушна и при этом настойчива. Она в один момент держится за Бога и связывает дьявола. Она может быть сосредоточена на одной цели, а может странствовать по миру. Это может быть и унизительное исповедание,

1   Ллойд-Джонс М. Нагорная проповедь: В 2 т. Харьков: Біблос-Альфа, 2005. Т. 2. С. 54.

и восторженное восхищение. Она наделяет ничтожного человека подобием всемогущества[2].

По сути, молитва — это просто разговор с Богом, как с любимым другом, без притворства и легкомыслия. Однако именно такое отношение к молитве вызывает затруднения у многих верующих. Именно потому, что общение с Богом так важно, а молитва так действенна при исполнении Божьего плана, враг постоянно пытается привнести заблуждения в наше понимание молитвы и приверженностей. Каждое поколение сталкивается с необходимостью пересмотреть приоритеты и очистить искаженное или неверное представление о молитве. Для многих молитву подменили прагматичные действия. Функция преобладает над общением с Богом; деловые отношения вытесняют общение. Для других в молитве недостает чувства благоговения и почтения. Их подход отличается легкомыслием, неуважением и бестактностью. Есть и те, кто считает, что смысл молитвы в том, чтобы предъявлять Богу свои требования. Они пытаются добиться от Бога того, что, по их мнению, Он должен для них сделать. Наконец, для некоторых молитва — не более чем повседневный ритуал.

Возможно, вы относитесь к молитве с глубочайшим уважением, но при этом ваша собственная практика лишена цели и жизни, поэтому вы не проводите время с Богом, хотя и знаете, что должны это делать. Хотя бывает много причин, мешающих христианам молиться, я считаю, что есть один главный фактор.

Мартин Ллойд-Джонс пишет:

---

2   J. Oswald Sanders, *Effective Prayer* (Chicago: Moody, 1969), 7.

> Это высшая форма деятельности человеческой души, и в конечном итоге она является лучшим тестом для определения истинного духовного состояния. Ничто иное не говорит о нас так много, как наша молитва. <…> Итак, человек точнее всего определяет свое истинное духовное состояние тогда, когда исследует свою молитвенную жизнь, пребывает в присутствии Божьем. <…> И разве не бывало так, что наедине мы говорим Богу гораздо меньше, чем во время публичной молитвы вслух? Так не должно быть, но так часто бывает. Итак, когда мы затворяем за собой дверь и остаемся наедине с Богом, мы познаем себя в духовном плане[3].

Остаться наедине с Богом — такая возможность должна быть одним из главных желаний христианина. Как печально, что так много верующих проводят с Ним совсем немного времени или вообще не приходят к Нему, потому что им нечего сказать.

Много лет назад, когда я проповедовал по Евангелию от Матфея в церкви «Грейс Комьюнити», а именно, по 6-й главе и части, наиболее известной как «Молитва „Отче наш"», это так сильно преобразило молитву людей, что я решил написать книгу на эту тему. Книга называлась «Образец молитвы Иисуса» и была посвящена исключительно образцу молитвы, установленному Иисусом в 6-й главе Евангелия от Матфея и имеющему столь фундаментальное значение для всего нашего понимания молитвы[4]. Это новое издание, названное «Наедине с Богом», дало мне возможность вновь опубликовать ее у Дэвида Кука.

---

3   Ллойд-Джонс. Нагорная проповедь. Т. 2. С. 54–55.
4   John MacArthur Jr., *Jesus' Pattern of Prayer* (Chicago: Moody, 1981).

Но эта книга — не просто переработка глав из первоначального варианта; я также добавил несколько глав, содержащих различные отрывки из Нового Завета, которые должны расширить и углубить ваше понимание молитвы. Хотя данный Иисусом образец молитвы занимает центральную часть книги, вам необходимо понимать и то, что вдохновленные Святым Духом авторы Нового Завета построили на этом фундаменте.

Первая часть будет посвящена вопросу, с каким настроем все верующие должны подходить к общению с Богом. Все христиане обязательно должны сосредоточить свое сердце на Боге, чтобы общение с Ним стало повседневной, естественной составляющей их жизни. Первая глава даст определение и рассмотрит эту насущную потребность в непрестанной молитве. В то же время нам всем нужно остерегаться молиться с неправильным настроем. Именно этим страдали фарисеи, считавшие молитву средством показать свою духовность, а не скромной возможностью прославить Бога.

Чтобы исправить искаженное представление учеников о молитве, почерпнутое у этих лицемерных религиозных деятелей, Иисус предложил образец, дающий целостное представление обо всех основных элементах праведной молитвы, каждый из которых сосредоточен на Боге. В этой центральной части книги рассматривается каждая фраза из образца молитвы нашего Господа. От начала и до конца вы увидите, что Иисус фокусирует наше внимание на Боге — на Его восхвалении, достоинстве и славе.

Чтобы помочь вам применить полученные знания на практике, две последние главы книги рассматривают, о чем конкретно должны молиться все верующие. То, что вы прочтете, может вас удивить, ведь как отец должен корректировать приоритеты своего ребенка в жизни, так и Бог должен делать то же самое в отношении нашей молитвенной жизни.

Я молюсь за вас, чтобы, завершив путешествие по этой книге, вы вновь открыли для себя силу и страстность, которые может принести время, проведенное наедине с Богом. Я также надеюсь, что вы поймете, что молитва — это не попытка заставить Бога согласиться с вами или удовлетворить ваши эгоистичные желания, но это утверждение Его владычества, праведности и величия, а также стремление привести ваши желания и цели в соответствие с Его волей и славой.

ЧАСТЬ ПЕРВАЯ

МОЛИТВЕННЫЙ НАСТРОЙ

1

СЕРДЦЕ, УСТРЕМЛЕННОЕ К БОГУ

Для христиан молитва подобна дыханию. Вам не приходится думать, чтобы дышать, потому что атмосфера оказывает давление на ваши легкие и заставляет вас дышать. Именно поэтому задерживать дыхание сложнее, чем дышать. Подобным образом, родившись в Божью семью, вы оказываетесь в духовной атмосфере, где Божье присутствие и благодать оказывают давление, или влияние, на вашу жизнь. Молитва — естественная реакция на такое давление. Как верующие мы все вошли в божественную атмосферу, чтобы дышать воздухом молитвы. Только так мы можем выжить во тьме мира сего.

К сожалению, многие верующие надолго задерживают свое духовное дыхание, думая, что кратких моментов общения с Богом достаточно для того, чтобы выжить. Но такое ограничение их духовной потребности вызвано греховными желаниями. Дело в том, что каждый верующий должен непрестанно находиться в присутствии Бога, постоянно вдыхая Его истины, чтобы полноценно действовать.

Поскольку наше общество такое свободное и благополучное, христианам легче чувствовать себя в безопасности, злоупотребляя Божьей благодатью, а не полагаясь на нее. Слишком часто верующие довольствуются физическими благословениями и не стремятся к духовным. Они стали настолько полагаться на свои физические ресурсы, что не испытывают особой нужды в духовных ресурсах. Когда программы, методики и деньги дают впечатляющие результаты, появляется склонность принимать человеческий успех за Божье благословение. На практике христиане даже могут вести себя как гуманисты, живя так, словно Бог не нужен. Когда такое случается, их жизнь лишается страстного стремления к Богу и упования на Его помощь — как и Его силы. Из-за этой серьезной и повсеместной опасности Павел призывал верующих: «молитесь во всякое время духом» (Еф. 6:18) и «будьте постоянны в молитве» (Кол. 4:2). Постоянная, стойкая, непрестанная молитва — неотъемлемая часть христианской жизни, и она вытекает из зависимости от Бога.

Частота молитвы

Земное служение Иисуса было необычайно коротким: оно длилось всего три года. Однако в эти три года, как, должно быть, и в предыдущие годы Своей жизни, Он много времени проводил в молитве. Евангелия сообщают, что Иисус обычно вставал рано утром, часто еще до рассвета, чтобы общаться со Своим Отцом. Вечером Он часто отправлялся на Елеонскую гору или в другое тихое место, чтобы молиться, обычно в одиночестве. Молитва была духовным воздухом, которым Иисус дышал каждый день Своей жизни. Он практиковал непрерывное общение с Отцом.

Он призывал Своих учеников делать то же самое. Он говорил: «…бодрствуйте на всякое время и молитесь, да сподобитесь избежать всех сих будущих бедствий…» (Лук. 21:36).

Ранняя церковь усвоила этот урок и последовала примеру Христа в постоянной, непрестанной молитве. Еще до дня Пятидесятницы 120 учеников собрались в горнице и «единодушно пребывали в молитве и молении» (Деян. 1:14). Это не изменилось даже тогда, когда в день Пятидесятницы к ним присоединилось 3000 человек (2:42). Когда апостолам нужно было определить структуру церкви для эффективного служения, они сказали: «…мы постоянно пребудем в молитве и служении слова» (6:4).

На протяжении всей своей жизни апостол Павел являл собой пример такой приверженности молитве. Прочитайте благословения во многих его посланиях, и вы поймете, что молитва за своих собратьев по вере была его ежедневной практикой. Римским верующим он сказал: «Свидетель мне Бог… что непрестанно воспоминаю о вас, всегда прося в молитвах моих…» (Рим. 1:9–10; см. 1 Кор. 1:4; Еф. 5:20; Флп. 1:4; Кол. 1:3; 1 Фес. 1:2; 2 Фес. 1:3, 11; Флм. 4). Его молитвы о верующих часто занимали «ночь и день» (1 Фес. 3:10; 2 Тим. 1:3).

Поскольку он так непрестанно молился за них, Павел мог увещевать своих читателей, чтобы и они молились также. Он призывал фессалоникийцев: «Непрестанно молитесь» (1 Фес. 5:17). Он велел филиппийцам перестать беспокоиться и вместо этого «всегда в молитве и прошении с благодарением открыва[ть] свои желания пред Богом» (Флп. 4:6). Он призывал колоссян: «Будьте постоянны в молитве, бодрствуя в ней с благодарением» (Кол. 4:2; см. Рим. 12:12). И чтобы помочь ефесянам быть во всеоружии для сражения с духовной тьмой в окружающем их мире, он сказал: «Всякою молитвою и прошением молитесь во всякое время духом, и старайтесь о сем самом со всяким постоянством и молением о всех святых» (Еф. 6:18). Непрерывная, непрестанная молитва необходима верующему, чтобы иметь живые отношения с Господом и способность действовать в этом мире.

Образ жизни

В детстве я удивлялся, как кто-то может молиться, не переставая. Я представлял себе, как христиане ходят со сложенными руками, склоненными головами и закрытыми глазами, натыкаясь на все вокруг. Хотя определенное положение и время, отведенное для молитвы, имеют большое значение для нашего общения с Богом, «молитесь во всякое время», очевидно, не значит, что мы должны молиться формально или заметным образом каждый миг бодрствования. И это не значит, что мы должны посвятить себя повторению ритуальных образцов и форм молитвы.

«Молиться непрестанно», по сути, означает регулярную молитву, а не безостановочную речь. То есть это должно стать нашим образом жизни — мы должны постоянно иметь молитвенный настрой.

Знаменитый проповедник XIX века Чарльз Хаддон Сперджен дал яркое представление о том, что значит молиться во всякое время:

> Подобно тому, как в старину рыцари всегда были на войне, не всегда верхом мчались с копьями наперевес, чтобы сразить противника, но всегда носили свое оружие так, чтобы его легко было достать, и всегда были готовы принять раны или смерть за дело, которое они отстаивали. Эти суровые воины часто спали в доспехах; так и мы, даже когда спим, все равно должны быть в молитвенном духе, чтобы, если вдруг проснемся ночью, по-прежнему быть с Богом. Наша душа, получив божественное центростремительное воздействие, побуждающее ее стремиться к своему небесному центру, должна все время естественным образом подниматься к Самому Богу. Наше сердце должно быть подобно тем маякам и сторожевым башням, которые были приготовлены на побережье Англии, когда ежечасно ожидалось вторжение Армады; они не все время горели, но там всегда были сухие дрова и спички, и вся куча была готова вспыхнуть в нужный момент. Наши души должны быть в таком состоянии, чтобы в них очень часто звучала восторженная молитва. Незачем отрываться от дел, отходить от прилавка и падать на колени; дух должен возносить свои безмолвные, краткие, быстрые прошения к престолу благодати.

> Христианин должен носить в руке оружие всякой молитвы, словно меч. Свои моления никогда не следует убирать в ножны. Да не будут наши сердца как пушка без заряда, с которой нужно многое сделать, прежде чем она ударит по врагу, но они должны быть как пушка, заряженная и изготовленная, которой для выстрела нужен только огонь. Душа не всегда должна быть в действии молитвы, но всегда в силе молитвы; не всегда фактически молиться, но всегда намереваться молиться[5].

---

5 Charles Haddon Spurgeon, *The Parables of Our Lord* (Grand Rapids, MI: Baker, 1979), 434–435.

Я думаю, что молиться во всякое время — значит жить в постоянном осознании Бога, когда все, что мы видим и испытываем, становится своего рода молитвой, проживаемой с глубоким восприятием нашего Небесного Отца и упованием на Него. Это то, чем я делюсь со своим лучшим Другом, то, с чем я мгновенно обращаюсь к Богу. Следовать этому увещеванию означает, что, когда мы подвергаемся искушению, мы несем это искушение к Богу и просим Его о помощи. Когда с нами случается что-то хорошее и прекрасное, мы сразу же благодарим за это Господа. Когда мы видим вокруг себя зло, мы просим Бога исправить ситуацию и позволить нам помочь в этом, если на то есть Его воля. Когда мы встречаем кого-то, кто не знает Христа, мы молимся, чтобы Бог привлек этого человека к Себе и использовал нас как верных свидетелей. Когда мы сталкиваемся с бедой, мы обращаемся к Богу как к своему Избавителю.

Тогда жизнь становится непрерывно возносящейся молитвой: все мысли, поступки и обстоятельства жизни становятся поводом для общения с нашим Небесным Отцом. Таким образом, мы постоянно настраиваем свой ум, чтобы помышлять «о горнем... а не о земном» (Кол. 3:2).

Общение с Богом

Поскольку высшая цель нашего спасения — прославить Бога и дать нам близкое, глубокое общение с Ним, то если мы не стремимся к Богу в молитве, мы тем самым отрицаем эту цель. «...О том, что мы видели и слышали, возвещаем вам, — сказал апостол Иоанн, — чтобы и вы имели общение с нами: а наше общение — с Отцом и Сыном Его, Иисусом Христом» (1 Иоан. 1:3).

Представьте, что вам предстоит провести весь рабочий день вместе с лучшим другом. Вы, несомненно, будете признавать его присутствие в течение дня, представляя его своим друзьям или деловым партнерам и обсуждая с ним различные события дня. Но как бы чувствовал себя ваш друг, если бы вы вообще не разговаривали с ним и не признавали его присутствия? Но именно так мы поступаем с Господом, когда не молимся. Если бы мы общались с друзьями так же редко, как некоторые из нас общаются с Господом, эти друзья могли бы вскоре исчезнуть.

Наше общение с Богом не следует откладывать до тех пор, пока мы окажемся на небесах. Величайшее желание Бога и наша величайшая потребность — быть в постоянном общении с Ним сейчас, и нет большего проявления или ощущения общения, чем молитва.

В одной из своих классических работ о молитве «Назначение молитвы» пастор XIX века Э. М. Баундс напоминает нам, как мы должны укреплять наше общение с Господом:

> 99 Молитва — это не бессмысленное занятие или обязанность, которую можно втиснуть в занятые или утомительные дни, и мы не исполняем повеление Господа, если довольствуемся несколькими минутами на коленях в утренней суете или поздно вечером, когда наши уставшие от дневных дел способности требуют отдыха. Бог всегда на связи, это правда; Его ухо всегда внимательно к воплю Его детей, но мы так и не сможем познать Его, если будем пользоваться молитвой, как телефоном, ради нескольких слов спешного разговора. Близость требует вложений. У нас есть привилегия познавать Бога, но мы никогда не сможем познать Его должным образом, повторяя короткие,

отрывочные и необдуманные молитвы, в которых просим о личных благах и не более того. Это не тот способ, каким мы можем вступить в общение с небесным Царем. «Цель молитвы — чтобы Бог приклонил Свое ухо», цель, которой можно достичь, только терпеливо и постоянно ожидая Его, изливая Ему свое сердце и позволяя Ему говорить с нами. Только так мы можем надеяться узнать Его, и когда мы будем узнавать Его лучше, мы будем проводить больше времени в Его присутствии и находить это присутствие постоянным и все возрастающим наслаждением[6].

Способы и средства молитвы

В Ефесянам 6:18 Павел говорит, что мы должны молиться «всякою молитвою и прошением». Греческое слово, переведенное как «молитва» (также в 1 Фес. 5:17), — самое распространенное новозаветное слово со значением «молитва», обозначающее просьбы разного рода. Слово, переведенное как «прошение», обозначает конкретные молитвы. То, что Павел использует оба слова, предполагает наше участие во всех видах молитвы, в любой уместной форме.

Поза

Чтобы постоянно молиться, вам придется находиться в разных позах, потому что вы никогда не будете находиться в одном и том же положении весь день. В Библии люди молились стоя (Быт. 24:12–14), воздев руки (1 Тим. 2:8), сидя (Суд. 20:26), на коленях (Марк. 1:40), глядя вверх (Иоан. 17:1), пав на землю (Исх. 34:8), положив лицо между

---

6   E. M. Bounds, *Purpose in Prayer* (Chicago: Moody, n. d.), 53–54.

колен (3 Цар. 18:42), ударяя себя в грудь (Лук. 18:13) и повернувшись лицом к храму (Дан. 6:10).

Обстоятельства

Хотя сегодня некоторые считают, что молитва должна быть очень формальной, Библия свидетельствует, что люди молились в самых разных обстоятельствах. Они молились, когда одевались во вретище (Пс. 34:13), сидели в пепле (Иов. 1:20–21; 2:8), заливаясь слезами (Пс. 6:7), посыпали голову пылью (И. Нав. 7:6), раздирали свои одежды (3 Цар. 21:27), постились (Втор. 9:18), вздыхали (Пс. 6:5–7), сетовали (Езд. 9:4–15), громко плакали (Евр. 5:7), потели кровью (Лук. 22:44), сокрушались сердцем (Пс. 33:19), давали обет (Деян. 18:18), приносили жертвы (Пс. 19:2–4) и пели песни (Деян. 16:25).

Место

В Библии также описано, как люди молились в самых разных местах: на поле боя (2 Пар. 13:14–15), в пещере (3 Цар. 19:9–10), в закрытой комнате (Матф. 6:6), в саду (Матф. 26:36–44), на горе (Лук. 6:12), у реки (Деян. 16:13), на берегу моря (Деян. 21:5–6), на улице (Матф. 6:5), в храме (3 Цар. 8:22–53), на ложе (Пс. 4:4–5), в доме (Деян. 9:39–40), в чреве кита (Ион. 2:2–11), на крыше дома (Деян. 10:9), в темнице (Деян. 16:23–26), в пустынных местах (Лук. 5:16) и на кресте (Лук. 23:33–34, 46).

В 1 Тимофею 2:8 Павел сказал: «…желаю, чтобы на всяком месте произносили молитвы мужи…» Для верного, исполненного Духом христианина любое место становится местом молитвы.

Время

На пасторской конференции, которую я посетил несколько лет назад, один человек проповедовал на тему утренней молитвы. Чтобы обосновать свою точку зрения, он прочитал несколько отрывков, где люди молились утром.

Как и он, я просмотрел все места Писания, где говорится, что люди молятся три раза в день (Дан. 6:10), вечером (3 Цар. 18:36), перед едой (Матф. 14:19), после еды (Втор. 8:10), в час девятый, то есть в 15:00 (Деян. 3:1), перед сном (Пс. 4:5), в полночь (Деян. 16:25), днем и ночью (Лук. 2:37; 18:7), часто (Лук. 5:33), в юности (Иер. 3:4), в старости (Дан. 9:2–19), в беде (4 Цар. 19:3–4), каждый день (Пс. 85:3) и всегда (Лук. 18:1; 1 Фес. 5:17).

Молитва уместна в любое время, в любой позе, в любом месте, при любых обстоятельствах и в любом одеянии. Это должен быть целостный образ жизни — открытое и постоянное общение с Богом. Имея все безграничные ресурсы, которые доступны вам во Христе, даже не думайте, что теперь вы уже не зависите каждый миг от Божьей силы.

Сопутствующие настроения

На протяжении всей своей жизни верующий чувствует свою недостаточность, поэтому он живет в полной зависимости от Бога. Пока вы ощущаете свою недостаточность и зависимость от Бога, вы будете непрестанно молиться. В то же время вы знаете, что обладаете огромными благословениями от Бога. Вот почему Павел дал фессалоникийцам наставления: «Всегда радуйтесь» и «За все благодарите», в своих непрестанных молитвах (1 Фес. 5:16–18). Это свидетельствует о прекрасном балансе в нашем общении с Богом. Обращаясь с конкретными прошениями о своих нуждах и нуждах других людей, мы в то же время можем радоваться и благодарить — не только за Его конкретные ответы, но и за обильные благословения, которые Он изливает на нас каждый день.

Усердие в молитве

Если общение с Богом должно происходить на протяжении всего дня, не думайте, что из-за этого вашим молитвам не нужна страстность. Павел повелел колоссянам: «Будьте постоянны в молитве, бодрствуя в ней» (Кол. 4:2), а ефесянам он дал предостережение, чтобы они молились «со всяким постоянством и молением» (Еф. 6:18). Чтобы молитва достигала того, чего хочет Бог в нашей жизни, она должна быть всепоглощающим занятием, при котором бдительность и настойчивость становятся самыми ценными ресурсами.

Бдительность

В самом простом смысле повеление Павла быть бдительным означает бодрствовать и не засыпать во время молитвы. В Гефсимании, незадолго до того, как Его предали, Иисус попросил Петра, Иакова и Иоанна пободрствовать, пока Он молится (Матф. 26:38). Вернувшись вскоре, Он застал их уже спящими, и сказал Петру: «Так ли не могли вы один час бодрствовать со Мною? Бодрствуйте и молитесь, чтобы не впасть в искушение: дух бодр, плоть же немощна» (Матф. 26:40–41). Невозможно молиться во время сна — вы должны быть бодрствующими и бдительными, чтобы говорить с Богом, так же как и при разговоре с кем бы то ни было.

Наставление Павла, как в Колоссянам 4:2, так и в Ефесянам 6:18, подразумевает нечто большее, чем просто физическое бодрствование. Верующие также должны обращать внимание на то, о чем им следует молиться. Очевидно, Петр усвоил эту более глубокую истину из того, что он не мог бодрствовать, потому что он написал в своем первом послании: «Итак будьте благоразумны и бодрствуйте в молитвах» (1 Пет. 4:7).

Христиане иногда молятся расплывчатыми, обобщенными молитвами, на которые Богу трудно ответить, потому что они не просят ни о чем конкретном. Вот почему так важна конкретная молитва. Хотя обобщенные просьбы могут быть уместны в некоторых случаях, именно через ответы на конкретные молитвы мы видим, как Бог проявляет Свою любовь и силу. Иисус обещал: «И если чего попросите у Отца во имя Мое, то сделаю, да прославится Отец в Сыне. Если чего попросите во имя Мое, Я то сделаю» (Иоан. 14:13–14).

Верующих, которые постоянно ищут Господа, интересуют конкретные вопросы; если вы не обращаете внимания на конкретные проблемы и нужды других верующих, вы не сможете молиться о них конкретно и усердно. А если обращаете, то сможете ожидать Божьего ответа, радоваться ему, когда он придет, и возносить Ему хвалу и благодарность.

Настойчивость

К сожалению, большинство верующих так и не начинают серьезно относиться к молитве, пока в их жизни или в жизни близкого им человека не возникнет проблема. Тогда они готовы молиться сосредоточенно, конкретно и настойчиво.

Но Павел говорит, что мы всегда должны так молиться и стараться делать это «со всяким постоянством» (Еф. 6:18). Греческое слово, переведенное как «постоянство», а также повеление «будьте постоянны» (Кол. 4:2), образовано от глагола proskartereō, состоящего из kartereō («быть стойким» или «выдерживать») и приставки, которая усиливает значение. Этот глагол означает «быть отважно настойчивым», «держаться и не уступать». Он используется в отношении верной стойкости Моисея, когда он выводил израильтян из Египта (Евр. 11:27). Быть приверженным молитве — значит усердно, отважно и настойчиво приносить все, особенно нужды других людей, перед Богом. Чувствительность к проблемам и нуждам других, в том числе верующих, которые сталкиваются с испытаниями и трудностями, побудит нас молиться за них «днем и ночью», как Павел молился за Тимофея (2 Тим. 1:3).

Пример нашего Господа

Сам Иисус был лучшим примером настойчивости в молитве. В Евреям 5:7 говорится: «Он, во дни плоти Своей, с сильным воплем и со слезами принес молитвы и моления Могущему спасти Его от смерти…» Этот стих рассказывает о молитвенной жизни нашего Господа на земле — жизни, отличавшейся страстными молитвами, которые Он приносил с великим усердием и борением. Хотя Писание не описывает подробности Его молитв, мы можем быть уверены, что Он был настойчив в них, даже если на это уходила вся ночь (Лук. 6:12).

Величайшей иллюстрацией того, как напряженно Он молился, была молитва в саду незадолго до Его смерти. Лука пишет: «И Сам… преклонив колени, молился, говоря: Отче! О, если бы Ты благоволил пронести чашу сию мимо Меня! Впрочем не Моя воля, но Твоя да будет. <…> И, находясь в борении, прилежнее молился, и был пот Его, как капли крови, падающие на землю» (Лук. 22:41–42, 44).

В описании этого события у Матфея мы видим, что Иисус трижды обращался к Богу с этой просьбой (Матф. 26:36–46). Это была одна горячая и продолжительная молитва, настолько долгая, что во время нее ученики несколько раз засыпали.

Наш Господь, когда был на земле, совершил множество великих дел, но ни в одном из них не было заметно, чтобы Он расходовал силы. Хотя Писание говорит, что от Него исходила сила, ничего не сказано о том, что Ему нужно было прилагать какие-то усилия, чтобы совершать Свои чудеса. Только когда Он молился, мы видим, что Он был в борении и напряжении над Своими прошениями, так что даже пот капал с Него, как капли крови.

Такая настойчивость несвойственна нам, но Христос хотел, чтобы ученики научились именно такому упорству из двух притч, которые Он им рассказал.

Притчи нашего Господа

Среди множества притч нашего Господа две заметно отличаются от остальных. В то время как другие притчи связаны с Богом через сравнение, те, которые Он привел в Евангелии от Луки 11 и 18, связаны с Богом через противопоставление. Они наглядно показывают людей, которые не похожи на Бога, и тем самым эти притчи убедительно доказывают ценность настойчивой молитвы.

> И сказал им: положим, что кто-нибудь из вас, имея друга, придет к нему в полночь и скажет ему: друг! Дай мне взаймы три хлеба, ибо друг мой с дороги зашел ко мне, и мне нечего предложить ему; а тот изнутри скажет ему в ответ: не беспокой меня, двери уже заперты, и дети мои со мною на постели; не могу встать и дать тебе. Если, говорю вам, он не встанет и не даст ему по дружбе с ним, то по неотступности его, встав, даст ему, сколько просит. И Я скажу вам: просите, и дано будет вам; ищите, и найдете; стучите, и отворят вам, ибо всякий просящий получает, и ищущий находит, и стучащему отворят (Лук. 11:5–10).
>
> Сказал также им притчу о том, что должно всегда молиться и не унывать, говоря: в одном городе был судья, который Бога не боялся и людей не стыдился. В том же городе была одна вдова, и она, приходя к нему, говорила: защити меня от соперника моего. Но он долгое время не хотел. А после сказал сам в себе: хотя я и Бога не боюсь и людей не стыжусь, но, как эта вдова не дает мне покоя, защищу ее, чтобы она не приходила больше докучать мне. И сказал Господь: слышите, что говорит судья неправедный? Бог ли не защитит избранных Своих, вопиющих к Нему день и ночь, хотя и медлит защищать их? Сказываю вам, что подаст им защиту вскоре (Лук. 18:1–8).

Контраст между Богом и несговорчивым другом и неправедным судьей очевиден. Если такие несговорчивые и грешные люди ценят неотступность, то насколько больше ее ценит наш святой любящий Небесный Отец? Если вы не получаете немедленного ответа на свою просьбу или события разворачиваются не совсем так или не так быстро, как вы надеялись, Господь говорит нам: «Не унывайте». Просто продолжайте непрестанно молиться и не сдавайтесь.

Продолжайтестучать.Продолжайтепросить.Продолжайте искать.

Сперджен предложил такое представление о важности нашей настойчивости:

> Если мы хотим превозмочь, мы должны упорствовать; надо продолжать непрестанно и постоянно, не делая перерыва в молитве, пока мы не добьемся милости в максимально возможной степени. «Должно всегда молиться». Неделя за неделей, месяц за месяцем, год за годом; обращение этого дорогого ребенка должно быть главным прошением отца. Привести к Богу этого необращенного мужа должно лежать на сердце жены днем и ночью, пока она не получит его; она не должна считать десять или двадцать лет безрезультатных молитв причиной перестать; она не должна устанавливать для Бога ни времен, ни сроков, но до тех пор, пока она жива и жив дорогой объект ее внимания, она должна продолжать умолять могучего Бога Иакова. Пастор не должен время от времени просить благословения для своих людей, а затем, получив его в какой-то мере, отказываться от дальнейшего ходатайства, но он должен продолжать горячо, безостановочно, не жалея сил, громко взывать и не отступать, пока не откроются окна на небе и не будет дано благословение, слишком большое, чтобы вместить его. Но, братья, сколько раз мы просим у Бога и не получаем, потому что недостаточно долго ждем у дверей! Мы раз или два стучим в ворота милости, и, поскольку никакой дружелюбный посланник не открывает дверь, отправляемся своей дорогой. Слишком часто молитвы похожи на стук шаля-щих мальчишек: раздается стук, но постучавший уходит до того, как дверь успевает открыться. О, что за благодать ни на шаг

не отступать от ангела Божьего и никогда, никогда, никогда не ослаблять своей хватки; чувствовать, что дело, о котором мы просим, должно состояться, ведь от этого зависят души, с этим связана слава Божья, состояние наших ближних находится под угрозой. Если мы и могли бы отказаться в молитве от собственной жизни и жизни самых дорогих нам людей, но от душ человеческих мы не можем отказаться, мы должны настаивать и умолять снова и снова, пока не получим ответ[7].

Когда Павел повелевает нам непрестанно молиться, он просто повторяет принцип, которому Иисус учил в Луки 11 и 18, что молитва должна быть постоянной. Мы будем услышаны не за многословие, а за вопль наших сердец. Человек, пришедший к своему другу попросить хлеба, не повторял какую-то заученную просьбу, он умолял дать ему то, в чем он нуждался. То же самое касается и вдовы — она взывала о защите к тому, кто был властен исполнить ее просьбу. Настойчивая, непрерывная молитва, исходящая из самой глубины вашего существа, — вот что касается сердца нашего сострадательного и любящего Бога.

Сила

Самая важная и всеобъемлющая мысль Павла о молитве — это то, что она должна совершаться «в Духе» (Еф. 6:18, НРП; см. Иуд. 20). Это условие никоим образом не относится ни к говорению на языках, ни к каким-либо другим экстатическим или сверхъестественным действиям. Молиться в Духе — значит молиться во имя Христа, то есть молиться в соответствии с Его природой и волей. Молиться

---

7 Spurgeon, *Parables of Our Lord*, 436–437.

в Духе — значит молиться в полном согласии с Духом, Который «подкрепляет нас в немощах наших; ибо мы не знаем, о чем молиться, как должно, но Сам Дух ходатайствует за нас воздыханиями неизреченными [слова настоящие, но не сказанные, а не сказанные, но не настоящие]. Испытующий же сердца знает, какая мысль у Духа, потому что Он ходатайствует за святых по воле Божией» (Рим. 8:26–27). В Захарии 12:10 Святой Дух назван «Духом благодати и молитвы» (НРП). Мы должны непрестанно молиться, но знайте, что Святой Дух непрестанно молится за нас. Молясь в Духе, мы приводим наши мысли и желания в соответствие с Его мыслями и желаниями, а они согласуются с волей Отца и Сына.

Как привести свои молитвы в соответствие с Духом? Ходя в полноте Духа. Когда ваша жизнь исполняется Духом (Еф. 5:18) и вы ходите в послушании Ему, Он будет направлять ваши мысли, чтобы ваши молитвы соответствовали Его молитвам. Когда вы подчиняетесь Святому Духу, повинуетесь Его Слову и полагаетесь на Его руководство и силу, вы обретаете тесное и глубокое общение с Отцом и Сыном.

Наша жизнь должна отражать постоянную приверженность непрестанному пребыванию в молитве. Все, что вы узнаете о Боге, должно влечь вас в Его присутствие. Пусть это станет вашей целью, когда вы будете приносить к Нему в молитве все аспекты своей жизни.

2

ИСКАТЬ
ГОСПОДА ВТАЙНЕ

Величайшая опасность для настойчивой, плодотворной молитвы — это привычка совершать ее без рвения. Пуританский пастор XVII века Джон Престон так выразил суть этой опасности:

> Чем совершать ее формально или привычно и чрезмерно, лучше вообще отказаться от нее, ибо Господь принимает наши молитвы не по счету, а по весу. Когда это внешняя картина, мертвый остов молитвы, когда в ней нет жизни, нет рвения, Бог не обращает на нее внимания. Не обманывайтесь на этот счет, это очень распространенное заблуждение. Возможно, совесть будет мучить человека, если он совсем откажется от нее. Поэтому, когда он что-то делает, его сердце успокаивается, и тогда он становится все хуже и хуже. Таким образом, учтите, что само по себе исполнение обязанности — это не то, на что Господь смотрит, но Он хочет, чтобы ее совершали так, чтобы цель была достигнута и чтобы то, о чем вы молитесь, состоялось.

Если человек посылает слугу в какое-то место, то ему важно не то, чтобы тот ходил туда-сюда, а то, чтобы он исполнил поручение. Так и во всех других делах. Ему не важна формальность исполнения, но он хочет, чтобы дело было сделано так, чтобы от него была польза. Если послать слугу разжечь для вас огонь, а он пойдет, сложит несколько сырых поленьев и подложит под них несколько углей, то это не значит разжечь для вас огонь. Он должен либо взять сухие дрова, либо раздувать огонь до тех пор, пока он не разгорится и не станет пригоден для использования.

Поэтому, когда ваши сердца непригодны, когда они подобны сырым поленьям, а вы приходите, чтобы согреть их и оживить молитвой к Богу, может случиться, что вы отложите эту обязанность, оставив свои сердца такими же холодными и удрученными, какими они и были. Возлюбленные мои, это не значит исполнить свою обязанность. Обязанность будет действительно исполнена, когда она подействует на ваши сердца и приведет их в лучшее состояние и настроение, чем прежде.

Если вы обнаружите в себе греховные вожделения, ваша задача — справиться с ними в молитве, обдумать эту проблему, обсудить ее с Господом и не сдаваться, пока все колеса вашей души не будут приведены в порядок, пока вы не исправите свое сердце пред Богом. И если вы замечаете, что ваши сердца слишком привязались к этому миру, вы должны отучить их от этого и освободиться. Если вы видите в себе оцепенение, вялость, нежелание, вы должны вознести свои души к Господу и не отступать, пока не воспрянете. Вот что значит исполнять обязанность так, чтобы Господь принял ее, иначе это лицемерное исполнение; ведь это лицемерие, когда человек не желает совсем отказаться от обязанности, и в то же время не желает исполнять ее горячо, живо и ревностно.

Кто вовсе ее не исполняет, тот мирской человек, а кто исполняет ее ревностно и целеустремленно, тот святой человек; но лицемер находится где-то между ними. Он готов что-то сделать по этому поводу, но не будет делать это как следует. И поэтому, если вы замечаете, что день за днем беспечно исполняете эту обязанность, что вы исполняете ее небрежно и формально, знайте, что это лицемерное исполнение. Поэтому, когда мы проводим так много времени, увещевая вас постоянно исполнять эту обязанность, не забывайте, что вы должны исполнять ее так, чтобы в ней были огонь и жизнь, чтобы она была угодна Богу[8].

К сожалению, все верующие могут в той или иной степени увидеть себя в обличительных словах Престона. Нет ничего настолько святого, чтобы сатана не посягнул на это. По сути, чем священнее что-то, тем сильнее он хочет это осквернить. Конечно, мало что доставляет ему большее удовольствие, чем встать между верующими и их Господом во время священного общения в молитве. Грех пойдет за нами даже в присутствие Божие; и нет греха более сильного и разрушительного, чем гордыня. В те моменты, когда нам нужно предстать перед Господом в поклонении и с чистым сердцем, у нас может возникнуть искушение поклоняться себе. Мартин Ллойд-Джонс пишет:

>> Нам свойственно думать о грехе как о плохих поступках, которые склонны совершать в основном деградирующие люди.

8   John Preston, *The Puritans on Prayer* (Morgan, PA: Soli Deo Gloria, 1995), 25–26.

Видя пьяницу, мы говорим: «Какой грешник!» Но суть греха совсем не в этом. Для того чтобы понять и увидеть ее, мы должны взглянуть на самых святых и посвященных Богу людей. Взгляните на человека, когда он стоит на коленях пред Богом, и выяснится, что даже в присутствии Божьем грех проявляет себя. Он может заставлять человека думать о себе как о праведнике, весьма угодном Богу, заставлять гордиться собой, то есть поклоняться самому себе, а не Богу. Вот где лучше всего видна суть греха. Конечно же, греховно и многое другое, но полную картину природы греха в плохих поступках мы не увидим. Другими словами, если вы действительно хотите узнать и понять природу сатаны и его дел, вам незачем опускаться на дно уголовного мира; вам нужно выйти в пустыню, где сатана искушал нашего Господа сорок дней и сорок ночей. Там вы увидите его истинную природу[9].

Грех побуждает нас срезать углы во всех христианских дисциплинах, и когда мы достаточно часто поддаемся его искушению, лицемерие оказывается стилем нашей жизни незаметно для нас самих. Поскольку лицемерие — это такая тонкая и страшная опасность для здоровой христианской жизни, наш Господь решительно осудил его многочисленных приверженцев. Во время Его земной жизни больше всего в этом были виноваты иудейские религиозные руководители — те, от кого можно было бы ожидать, что они будут Его самыми большими сторонниками, а на самом деле они были Его самыми большими врагами. А все потому, что Его праведные слова и дела осуждали их собственные неправедные занятия. Чтобы защитить Своих учеников

---

9   Ллойд-Джонс. Нагорная проповедь. Т. 2. С. 26.

от их дурного влияния, Иисус сказал: «Берегитесь закваски фарисейской, которая есть лицемерие» (Лук. 12:1).

Фарисеи, благодаря своим раввинским преданиям, сумели испортить и извратить все хорошее, чему Бог учил израильский народ, в том числе и практику молитвы. Ни в одной религии молитва не имеет более высоких стандартов и приоритетов, чем в иудаизме. Как избранный Богом народ, иудеи получили Его записанное Слово, «им вверено слово Божие» (Рим. 3:2). Больше никто, никакой народ или страна, не имел такой благосклонности Бога и такого прямого общения с Ним.

Иудейское представление о молитве

Ветхозаветные евреи хотели молиться, потому что верили, что Бог желает, чтобы они приближались к Нему. Они боялись Бога не так, как язычники — своих богов. Собственно, раввины говорили, что Святой жаждет молитв праведников. Несомненно, они почерпнули эту истину из Псалма 144:18, где говорится: «Близок Господь ко всем призывающим Его» (см. Пс. 90:15). Ни один истинный иудей с правильным духом никогда не сомневался, что молитва приоритет для Бога. Раввины справедливо полагали, что молитва — это не только общение с Богом, но и мощное оружие, высвобождающее Его силу.

Суть их понимания

Слово Божье ясно говорит, что Бог желает слышать молитвы народа. Псалом 64:3 говорит: «Ты слышишь молитву; к Тебе прибегает всякая плоть». Мидраш, еврейский комментарий к некоторым отрывкам Ветхого Завета, так говорит о Псалме 64:3: «Смертный человек не может понять разговор двух людей, говорящих одновременно, но с Богом это не так. Все молятся перед Ним, и Он понимает и принимает все их молитвы» (Рабба 21.4). Люди могут устать слушать людей, но уши Бога никогда не пресыщаются; Его никогда не утомляют молитвы людей.

Иудейские учителя пошли еще дальше, уча людей постоянно молиться и избегать привычки молиться только в отчаянных ситуациях. В Талмуде, своде раввинских преданий, говорится: «Почитай врача до того, как он тебе понадобится. <…> Святой говорит: как Мое дело — проливать дождь и росу и произращать растения для питания человека, так и ты обязан молиться передо Мной и прославлять Меня в соответствии с Моими делами; не говори: я в достатке, зачем мне молиться? Вот когда постигнет меня несчастье, тогда я приду и буду просить» (Сангедрин 44b). Это правильный взгляд на вещи. Молитву нужно использовать не только для экстренных обращений; она должна быть непрерывной беседой, построенной на живом, любящем общении с Богом.

Составляющие их молитв

Евреи считали, что их молитвы должны включать в себя следующие составляющие:

Восторженная хвала

Псалмопевец говорит: «Благословлю Господа во всякое время; хвала Ему непрестанно в устах моих» (Пс. 33:2). В Псалме 50:17 сказано: «Господи! Отверзи уста мои, и уста мои возвестят хвалу Твою…»

2. Искать Господа втайне

Признательность и благодарность

Иона сказал: «…я жертву Тебе принесу с благодарностью на устах…» (Ион. 2:10, СРП). В отношениях с Богом, обладающим всеми небесными ресурсами, всегда есть, за что благодарить Его.

Почтение

Ветхозаветные святые не устремлялись легкомысленно в присутствие Бога, как если бы Он был человеком. Они приходили к Нему с благоговением, потому что понимали, что, молясь, они встречаются лицом к лицу с всемогущим Богом. Пророк Исаия видел в видении Господа, «сидящего на престоле высоком и превознесенном, и края риз Его наполняли весь храм» (Ис. 6:1). Вот его реакция: «…я человек с нечистыми устами, и живу среди народа также с нечистыми устами, — и глаза мои видели Царя, Господа Саваофа» (ст. 5).

Терпеливое послушание

Ветхозаветные евреи считали, что нельзя молиться, если сердце не в порядке. Псалом 118 подтверждает это на протяжении 176 стихов. Истинный иудей не имел никаких оговорок — он приближался к Богу в духе послушания, желая угодить Ему.

Исповедание

Благочестивые ветхозаветные евреи знали, что они нечисты, и когда они приходили к Богу в молитве, то должны были очиститься от греха. Так рассуждал Давид, когда говорил: «Кто взойдет на гору Господню, или кто станет на святом месте Его? Тот, у которого руки неповинны и сердце чисто…» (Пс. 23:3–4). Только те, кто оставил свои грехи, имеют право войти в Божье присутствие.

Бескорыстие

У евреев было чувство солидарности, которое нам не понять. Их нация была теократией, управляемой Богом. То, что Израиль до сих пор существует как нация, показывает, насколько прочно они держатся за сохранение своей национальной принадлежности. В результате их молитвы включали в себя благо всего общества, а не только отдельного человека. Например, раввины просили Бога не слушать молитву путника. Это потому, что он мог молиться о легком путешествии с хорошей погодой и благоприятным небом, в то время как людям, живущим в тех краях, был очень нужен дождь для посевов.

Многие из нас обращаются к Богу в своих молитвах, используя личные местоимения: «я», «мне», «меня». Мы говорим Господу о своих нуждах и проблемах, не думая о других членах тела Христова. Но мы должны быть готовы пожертвовать тем, что кажется лучшим для нас самих, потому что у Бога есть более великий план для целого.

Смирение

Истинный иудей обращался к Господу в молитве, чтобы покориться воле Божьей. Величайшая иллюстрация этого исходит из сердца самого истинного еврея, который когда-либо жил: Иисуса. Молясь в Гефсиманском саду, Он сказал Отцу: «…не Моя воля, но Твоя да будет» (Лук. 22:42). Когда мы молимся, вместо того чтобы просить Господа исполнить нашу волю, мы должны сообразоваться с Его волей. Мы должны просить Его исполнить Свою волю через нас и дать нам благодать, чтобы радоваться этому.

Настойчивость

Истинно верующие ветхозаветные евреи учили, что молитва должна быть настойчивой. После того как сыны Израиля поклонялись золотому тельцу, Моисей сорок дней подряд молился, чтобы Бог простил их (Втор. 9:25–26). Он был настойчив в молитве.

Раввинское искажение молитвы

Несмотря на столь великое наследие молитвы, в молитвенную жизнь Израиля незаметно вкралось несколько недостатков (как отмечает Уильям Баркли в своем полезном обсуждении в комментарии на Евангелие от Матфея)[10].

Молитва стала ритуальной

Были установлены тексты и формы молитв, которые затем просто читали или повторяли по памяти. Молитвы легко могли стать рутинным, полубессознательным религиозным упражнением, их можно было произносить без какого-либо умственного или душевного участия со стороны человека.

Наиболее распространенными официальными молитвами были Шма (состоящая из отдельных фраз из Втор. 6:4–9, 11:13–21 и Числ. 15:37–41) и Шмонэ эсрэ («Восемнадцать»), включающая 18 молитв на разные случаи жизни. Обе молитвы надо было возносить каждый день, независимо от того,

---

10   William Barclay, *The Gospel of Matthew* (Philadelphia: Westminster, 1958), 1:191–198.

где находились люди и чем они занимались. Верные евреи даже молились всеми 18 молитвами Шмонэ эсрэ каждое утро, день и вечер.

Для людей, которые возносили формальные молитвы, были характерны три основных подхода. Те евреи, у кого были искренние сердца, использовали время молитвы для поклонения и прославления Бога. Некоторые подходили к этому равнодушно, безучастно повторяя слова как можно быстрее. Другие, например, книжники и фарисеи, произносили молитвы тщательно, стараясь идеально выговаривать каждое слово и слог.

Предписанные молитвы

Евреи составили молитвы для каждого вопроса и случая, таких как свет, тьма, огонь, дождь, новолуние, путешествие, хорошие и плохие новости. Я уверен, что изначально они хотели принести в Божье присутствие все аспекты своей жизни, но они испортили эту благородную цель, разложив молитвы по полочкам.

Ограничивая молитву определенным временем и поводом, иудеи превратили ее в привычку, которая была сосредоточена на установленной теме или ситуации, а не на подлинном желании или потребности. Несмотря на это, некоторые верные иудеи, такие как Даниил, использовали эти времена как напоминание, чтобы обращаться к Богу искренне и с чистым сердцем (Дан. 6:10).

Длинные молитвы

Религиозные руководители высоко ценили длинные молитвы, считая, что святость и действенность молитвы прямо

2. Искать Господа втайне

пропорциональные ед лине. Иисус предостерегал книжников, что они «напоказ долго молящиеся» (Марк. 12:40). Хотя длинная молитва необязательно бывает неискренней, она все же подвержена таким опасным тенденциям, как фальшь, повторы и шаблонность.

Сегодня мы подвержены тем же искушениям, слишком часто путая многословие с содержательностью, а длительность с искренностью.

Бессмысленные повторения

Одной из худших ошибок иудеев было то, что они переняли у языческих религий практику бессмысленного повторения, подобно тому, как пророки Ваала в поединке с Илией «призывали имя Ваала от утра до полудня», даже «бесновались до самого времени вечернего жертвоприношения» (3 Цар. 18:26, 29). Час за часом они повторяли одну и ту же фразу, пытаясь количеством слов и силой, с которой их произносили, заставить своего бога услышать и ответить.

Чтобы люди видели и слышали

В то время как другие недостатки сами по себе не обязательно порочны, просто доведены до крайности и применяются бесполезно, желание использовать молитву как возможность выставить свою духовность напоказ перед людьми — зло по своей сути, потому что оно исходит из гордыни и направлено на ее удовлетворение.

Как мы уже отмечали ранее в этой главе, мотив греховного самовосхваления — это высшее извращение молитвы. Это лишает молитву ее главной цели: прославлять Бога (Иоан. 14:13).

Осуждение Христом

В Матфея 6:5–8, обсуждая отличие истинной праведности от ложной, Иисус осудил молитвенную практику фарисеев в двух конкретных областях: эгоцентричная молитва и бессмысленная молитва. В каждой из этих сфер проявляется один или несколько изъянов, которые так испортили истинную молитву в жизни народа.

Эгоцентричная молитва

Поскольку в основе этого явления лежала гордыня, наш Господь сначала обратился к тем, кто молился, чтобы выказать свою мнимую духовность перед людьми. «И, когда молишься, не будь, как лицемеры, которые любят в синагогах и на углах улиц, останавливаясь, молиться, чтобы показаться перед людьми. Истинно говорю вам, что они уже получают награду свою» (Матф. 6:5). Молитва, сосредоточенная на себе, всегда лицемерна, ведь любая истинная молитва сосредоточена на Боге.

Термин лицемер первоначально обозначал греческих актеров в масках, преувеличенно изображавших роли, которые они играли.

Таким образом, лицемеры — это притворщики, играющие роль. Единственное, что вы действительно о них знаете, — это ложный образ, скрывающий их настоящие убеждения и чувства.

Ложная аудитория: люди

Лицемерные книжники и фарисеи молились по той же причине, по которой они делали и все остальное: чтобы привлечь к себе внимание и добиться почестей. В этом была

2. Искать Господа втайне

суть их праведности, которая, по словам Иисуса, не имеет места в Его Царстве (Матф. 5:20).

На первый взгляд может показаться, что Иисус осуждает их молитвенную практику необоснованно. Конечно, не было ничего плохого в том, чтобы стоять и молиться в синагогах. В Израиле I века для молитвы чаще всего использовали положение стоя, а синагоги были наиболее подходящим и логичным местом для публичных молитв. Если молитва была искренней, все было в порядке. Даже молиться на «углах улиц» само по себе не было неправильным — в принципе, это было нормальное место для молитвы. В назначенный для молитвы час набожные евреи останавливались помолиться, где бы они ни находились, даже если они шли по улице.

Однако настоящее зло этих лицемерных поклонников состояло не в том, где они молились, а в их желании «показаться перед людьми». Греческое слово, переведенное «улица» обозначает широкую, главную улицу и ее угол. Книжники и фарисеи старались молиться там, где чаще всего собиралась толпа. Где бы ни собиралась самая большая аудитория, именно там вы нашли бы этих лицемеров.

Стремясь возвыситься перед своими собратьями, книжники и фарисеи были виновны в гордыне. Они были похожи на фарисея из притчи Иисуса, который, «став, молился сам в себе» (Лук. 18:11). Бог не принимал никакого участия в их набожных делах. В результате «они уже получают награду свою». Поскольку их интересовала только награда, которую могли дать люди, они ее и получали.

Мы обязательно должны принять к сердцу предостережение Иисуса в Матфея 6:5. Чтобы достичь близости с кем-либо, требуется открытость и искренность, и это, безусловно, относится к нашим отношениям с Богом. Если вы хотите обрести силу и страстность в общении с Господом, для начала удостоверьтесь, что ваши мотивы подобны мотивам мытаря из Луки 18:13–14, который пришел к Богу со смирением и покаянием.

Истинная аудитория: Бог

В противовес лицемерной практике того времени Иисус наставлял Своих учеников: «Ты же, когда молишься, войди в комнату твою и, затворив дверь твою, помолись Отцу твоему, Который втайне; и Отец твой, видящий тайное, воздаст тебе явно» (Матф. 6:6). Обратите внимание, что Господь не указал ни времени, ни повода для молитвы. Он лишь сказал: «Когда молишься», тем самым предоставив нам большую свободу молиться в любое время. Чтобы контраст между Божьим образцом молитвы и тем, что практиковали книжники и фарисеи, был как можно больше, Иисус сказал, что для молитвы «войди в комнату твою». Это может относиться к любой комнате или маленькому помещению, даже к чулану. Такие комнаты часто были тайными и использовались, чтобы надежно хранить ценности. Но мысль Иисуса была не о том, в каком месте молиться, а с каким расположением сердца. Если истинному поклоннику это необходимо, он должен найти самое уединенное, укромное место, чтобы избежать искушения показать себя. Войдя туда, он должен закрыть дверь, чтобы его ничто не отвлекало, и тогда он сможет сосредоточиться на Боге и молиться Ему и только Ему.

Я никогда не забуду день, когда моему старшему сыну, Мэтью, было всего пять лет. Я шел по коридору нашего дома, когда услышал его голос, доносившийся из нашей спальни. Мне было сложно разобрать, что он говорит, поэтому я подошел вплотную к входу в комнату. В комнате с ним никого не было. Он лежал на нашей кровати и молился. У него было что-то на сердце, что он хотел сказать Богу, поэтому он пошел в комнату и стал молиться в одиночестве. Ему было неважно, что его никто не видит, ведь он говорил не с людьми; он искренне беседовал с Богом.

Значительная часть нашей молитвенной жизни должна буквально проходить втайне. Иисус регулярно покидал Своих учеников, чтобы уединиться и помолиться. Наши родные и друзья могут знать, что мы молимся, но то, что мы говорим, предназначено для Бога, а не для них. Конечно, бывают случаи, когда публичная молитва назидает и тех, кто ее слышит, потому что она выражает их чувства и нужды. Но даже эти молитвы отличаются определенной близостью, потому что в них просьбы обращены к Богу. Когда сердце человека право и сосредоточено на Боге, публичная молитва в каком-то глубоком смысле оставляет его наедине с Богом, так что ее мотивы ничем не отличаются от молитвы в самом уединенном месте.

Когда мы молимся с правильным настроем, наш «Отец... видящий тайное, воздаст [нам] явно». Самая важная тайна, которую Он видит, — это не слова, сказанные в уединении наших комнат, а мысли, скрытые в уединении наших сердец. Именно эти тайны интересуют Его больше всего. И когда Он увидит, что Он — истинный центр наших молитв, мы получим награду, которую может дать только Он. Иисус не говорит, какой будет эта награда, но мы знаем, что Бог верно и неуклонно благословляет тех, кто искренне и смиренно приходит к Нему.

Бессмысленная молитва

Книжники и фарисеи совершали лицемерные молитвы не только в неверном духе, но и с бессмысленными словами. В них не было никакой сути, никакого значимого содержания. Чтобы быть угодными Богу, молитвы должны быть подлинным выражением поклонения, сердечных просьб и прошений.

Ложное содержание: бессмысленное повторение

Практика бессмысленного повторения в молитве была распространена во многих языческих религиях во времена Иисуса, как и во многих религиях сегодня. Поэтому Он ясно предостерегает: «А молясь, не говорите лишнего, как язычники, ибо они думают, что в многословии своем будут услышаны...» (Матф. 6:7).

Фраза «говорить лишнее» — перевод одного слова из греческого текста, которое обозначает пустую, бессмысленную болтовню.

Иудеи переняли эту практику от язычников, которые считали, что ценность молитвы во многом определяется количеством, полагая, «что в многословии своем будут услышаны». Они верили, что их богов сначала нужно привлечь, затем задобрить, припугнуть и, наконец, уговорить выслушать и ответить.

Для язычников молитва была просто религиозной церемонией, и такой же она стала для евреев. Поскольку для такой молитвы не требуется никаких усилий, те, кто следует этой практике, могут быть совершенно равнодушны к содержанию молитвы. Но что еще хуже, они были равнодушны к настоящему общению с Богом.

Каждому из нас стоит прислушаться к предостережению нашего Господа. Мы все бываем виновны в том, что повторяем одни и те же молитвы перед каждой едой и на каждом собрании, практически не задумываясь о Боге и о том, что мы говорим. Бездумная и безучастная молитва оскорбительна для Бога и должна быть оскорбительна для нас.

Впрочем, надо сделать одно уточнение. Иисус не запрещает повторять искренние просьбы. В первой главе мы рассмотрели стихи, в которых говорится о ценности настойчивой молитвы. Честное, правильно мотивированное повторение нужд или слов похвалы не будет чем-то плохим. Но бездумное, равнодушное повторение духовно звучащих речений или магических формул — это неправильно.

Истинное содержание: искренние просьбы

В противовес тем, кто прибегает к бессмысленному повторению, Иисус сказал: «…не уподобляйтесь им, ибо знает Отец ваш, в чем вы имеете нужду, прежде вашего прошения у Него» (Матф. 6:8). Божий замысел молитвы не в том, чтобы мы сообщали Ему о своих нуждах или убеждали Его удовлетворить их, а в том, чтобы установить с Ним искреннюю и постоянную связь. Молитва, как ничто другое, означает делиться нуждами, тяготами и чаяниями наших сердец с Богом, Которому не всё равно. Он хочет слушать нас и общаться с нами гораздо больше, чем мы можем хотеть общаться с Ним, ведь Его любовь к нам намного больше, чем наша любовь к Нему.

Как вам реагировать на эти важные слова Господа? Если вы хотите обрести силу и страстность в своей молитвенной жизни, вам нужно молиться с искренним сердцем, имея чистые побуждения искать только славы Божьей. Вам также нужно молиться со смиренным сердцем, ища внимания только у Бога, а не у людей. И наконец, вам нужно молиться с уверенным сердцем, полностью осознавая, что Бог уже знает, что вам нужно. Если вы будете приходить к Богу на таких условиях, Он вознаградит вас так, как вы и представить себе не можете, и вы познаете ценность времени, проведенного наедине с Богом.

ЧАСТЬ ВТОРАЯ

ОБРАЗЕЦ МОЛИТВЫ

3

«ОТЧЕ НАШ»

Пастор и писатель XIX века Э. М. Баундс, известный своими трудами на тему молитвы, выразил это лучше всего: «Молитва чтит Бога; она бесчестит себя»[11]. Книжники и фарисеи так и не поняли этой истины, и я боюсь, что то же самое происходит со значительной частью современной церкви.

Волны нашего избалованного, эгоистичного, материалистичного общества нахлынули на христианское богословие в разных формах, включая Евангелие процветания. Хотя Библия учит, что Бог суверенен, а человек — Его слуга, Евангелие процветания подразумевает обратное. Учение, утверждающее, что мы можем требовать чего-то от Бога, — это духовное оправдание потворства себе. Оно извращает молитву и использует имя Господа напрасно. Оно небиблейское, нечестивое и не исходит от Святого Духа.

Молитва начинается и заканчивается не нуждами человека, а славой Бога (Иоан. 14:13). В первую очередь она должна быть связана с тем, Кто такой Бог, чего Он хочет

---

11 Bounds, *Purpose in Prayer*, 43.

и как Его можно прославить. Те, кто учит иначе, заняты не расширением Царства Христа или славой Божьего имени, а расширением своих собственных империй и исполнением своих эгоистичных желаний. Такое учение посягает на сердце христианской истины — на характер Самого Бога.

Убеждение, что Бог на самом деле подобен джинну, готовому исполнить любое наше желание, идет вразрез с ясным учением Писания. У многих ветхозаветных святых явно были веские причины просить Бога вывести их из тяжелых обстоятельств, но они стремились прославить Бога и следовать Его воле.

Вспоминая о том, что произошло, когда он находился внутри огромной рыбы, Иона сказал: «...я вспомнил о Господе, и молитва моя дошла до Тебя, до храма святого Твоего. <...> ...Я гласом хвалы принесу Тебе жертву; что обещал, исполню: у Господа спасение!» (Ион. 2:8, 10) Когда Иона, казалось бы, имел все основания требовать от Бога вытащить его из рыбы, он просто восхвалял Божий характер.

Даниил часто оказывался в опасных ситуациях из-за своей ключевой роли в языческом вавилонском обществе. Переживая о пленении Иудеи, он молился: «Молю Тебя, Господи Боже великий и дивный, хранящий завет и милость любящим Тебя и соблюдающим повеления Твои! Согрешили мы...» (Дан. 9:4–5). Он начал свою молитву с утверждения природы и характера Бога.

Пророк Иеремия прожил большую часть своей жизни в разочаровании и смятении, все время с сокрушенным сердцем плача о своем народе. Хотя он мог бы легко отчаяться в своем служении, он никогда не был озабочен лишь своими мучительными обстоятельствами. Вместо этого он молился, превознося славу, имя и дела Божьи (напр., Иер. 32:17–23).

Эти ветхозаветные святые знали, что они должны признать за Богом принадлежащее Ему по праву место и приводить свою волю в соответствие с Его волей. Именно этому Иисус учил учеников, говоря: «Молитесь же так…» (Матф. 6:9). Здесь нет и 70 слов, но это шедевр бесконечного Божьего разума, ведь только Он мог вместить все мыслимые элементы истинной молитвы в такую краткую и простую форму — форму, которую может понять даже маленький ребенок, но до конца постичь не может даже самый зрелый верующий:

> Отче наш, сущий на небесах! Да святится имя Твое; да приидет Царствие Твое; да будет воля Твоя и на земле, как на небе; хлеб наш насущный дай нам на сей день; и прости нам долги наши, как и мы прощаем должникам нашим; и не введи нас в искушение, но избавь нас от лукавого. Ибо Твое есть Царство и сила и слава во веки. Аминь (Матф. 6:9–13).

Иисус представил эту молитву как яркий контраст с низкопробными, негодными молитвами, характерными для религиозных руководителей того времени, которые мы рассматривали в предыдущей главе. После того как Господь предупредил учеников об искажениях, которые так испортили молитвенную жизнь иудеев, Он дал им божественный образец, чтобы все верующие могли литься так, чтобы это было угодно Богу.

Образец молитвы Иисуса

Эта молитва, которую часто называют «молитвой Господней», хотя точнее было бы назвать ее «молитвой учеников», не представляет собой набор слов, чтобы их повторять. Когда Христос сказал «молитесь же так», Он не имел в виду, что нужно молиться точно такими же словами, как у Него. Его целью было дать ученикам образец для структуры их собственных молитв, ведь Он только что предупредил их об опасности бессмысленного повторения. Это не значит, что мы не должны читать ее наизусть, как мы делаем с многими отрывками Писания. Выучить ее наизусть очень полезно, чтобы размышлять над ее истинами, формулируя собственные мысли. Эта молитва, главным образом, служит образцом, который мы можем использовать, чтобы придать направление нашей собственной хвале, поклонению и прошениям. Это не замена наших собственных молитв, но руководство к ним.

Первая положительная сторона этой молитвы заключается в том, как она показывает отношения верующего с Богом.

- «Отче наш» отражает отношения отец-ребенок;
- «да святится имя Твое» — божество-поклонник;
- «да приидет Царствие Твое» — правитель-подданный;
- «да будет воля Твоя» — хозяин-слуга;
- «хлеб наш насущный дай нам на сей день» — благодетель-получатель;
- «прости нам долги наши» — спаситель-грешник;
- «не введи нас в искушение» — проводник-пилигрим.

Эта молитва также определяет, каким должен быть наш настрой и дух.

- «Отче» — семейные узы;
- «наш» — бескорыстие;

- «да святится имя Твое» — почтение;
- «да приидет Царствие Твое» — преданность;
- «да будет воля Твоя» — покорность;
- «хлеб наш насущный дай нам» — зависимость;
- «прости нам долги наши» — раскаяние;
- «не введи нас во искушение» — смирение;
- «Твое есть Царство» — триумф;
- «и слава» — ликование;
- «во веки» — надежда.

Подобным образом эту молитву можно представить так, чтобы показать баланс между Божьей славой и нашей нуждой. Она также может показать тройную цель молитвы: освятить имя Бога, приблизить Его Царство и исполнить Его волю. Она подробно описывает наше снабжение в настоящем (хлеб насущный), спасение в прошлом (прощение грехов) и сохранение в будущем (защита от искушений).

Каким бы совершенным ни был этот образец, нам нельзя забывать о приведенном выше предостережении нашего Господа о настрое в молитве. Если наше сердце не в порядке, то даже «молитва учеников» может использоваться не по назначению. Как же добиться правильного расположения сердца? Просто следите за тем, чтобы быть сосредоточенным на Боге. Вот почему эта молитва — такой полезный образец. Каждая фраза и прошение сосредоточены на Боге — на Его личности, Его качествах и Его делах. Вы не позволяете своим молитвам быть лицемерными или машинальными, когда сосредотачиваетесь на Боге, а не на себе.

Истинная молитва исходит от смиренных людей, проявляющих абсолютную зависимость от Бога. Именно этого хочет Господь от наших молитв. Чем больше у нас истинных мыслей о Боге, тем больше мы будем стремиться прославлять Его в своих молитвах.

Комментатор Джон Стотт сказал:

>> Поэтому мы должны приходить к Богу, как малые дети к отцу своему, и молиться не лицемерно, подобно актерам, ищущим людских аплодисментов, и не механически, как бормочущие язычники, ум которых далек от их лепетания, но осмысленно, смиренно и с надеждой[12].

Бог — наш Отец

Отец — это, пожалуй, самый распространенный термин, который мы используем в молитве, и это справедливо, потому что он соответствует установленному Иисусом образцу. Молитва всегда должна начинаться с признания того, что Бог — наш Отец, Тот, Кто дал нам жизнь и Кто любит нас, заботится о нас, обеспечивает и защищает.

Тот факт, что Бог — наш Отец, означает, что только верующие во Христа — дети в Его семье. Конечно, Малахия писал: «Не один ли у всех нас Отец? Не один ли Бог сотворил нас?» (Мал. 2:10), и Павел сказал греческим философам в ареопаге: «...как и некоторые из ваших стихотворцев говорили: „мы Его и род"» (Деян. 17:28). Но Писание совершенно ясно говорит, что для неверующих Бог — Отец только по сотворению.

В духовном смысле у неверующих другой отец. Выражая самое строгое осуждение иудейским руководителям,

---

12 John Stott, *Christian Counter-Culture: The Message of the Sermon on the Mount* (Downers Grove, IL: InterVarsity, 1979), 151–152.

выступавшим против Него, Иисус сказал: «Ваш отец диавол» (Иоан. 8:44).

Первое Иоанна 3 четко определяет две семьи: дети Божьи и дети дьявола. Первые не продолжают грешить, а вторые продолжают. Апостол Павел провел четкое различие между детьми света и детьми тьмы (Еф. 5:8).

Одной духовной семьи человечества под единым вселенским отцовством Бога просто не существует. Второе Петра 1:4 говорит, что только верующие стали «причастниками Божеского естества». Иисус только «тем, которые приняли Его, верующим во имя Его, дал власть быть чадами Божиими…» (Иоан. 1:12).

Поэтому мы можем приходить к Богу как Его возлюбленные дети.

Иудейское представление о Боге

В то время как «Отче наш» провозглашает удивительную близость между Богом и Его детьми, большая часть мира во времена Иисуса поклонялась богам, которые были далекими и грозными. В итоге таким же стало иудейское представление о Боге. Из-за постоянного непослушания Богу на протяжении веков, включая терпимость к языческим богам, иудеи разорвали все истинные отношения с Богом как со своим Отцом. Для них Бог стал едва ли более чем воспоминанием о прошлом, Кем-то далеким, Кто когда-то призвал их предков и вел их.

Но верные иудеи, как во времена нашего Господа, так и раньше, знали Бога как своего Отца. Исаия смотрел на Него именно так.

Сознавая греховность народа, он молился:

> Но вот, Ты прогневался, потому что мы издавна грешили; и как же мы будем спасены? Все мы сделались — как нечистый, и вся праведность наша — как запачканная одежда; и все мы поблекли, как лист, и беззакония наши, как ветер, уносят нас. И нет призывающего имя Твое, который положил бы крепко держаться за Тебя; поэтому Ты сокрыл от нас лицо Твое и оставил нас погибать от беззаконий наших. Но ныне, Господи, Ты — Отец наш... (Ис. 64:5–8)

Исаия напоминал им об утешительной истине, что Бог — их Отец и что Он позаботится о них.

Иудеи в Ветхом Завете видели пять основных элементов, составляющих отцовство Бога.

Как Отец народа

В 1 Паралипоменон 29:10 Бог назван так: «Господь, Бог Израиля, наш Отец» (СРП). Это называет Его Отцом всего народа.

Как Отец, Который рядом

Отец ближе, чем дядя, двоюродный брат, друг или сосед. Псалом 67, в котором используется торжественные выражения, отражающие величие Божьей силы, просто говорит, что Бог — «отец сирот» (Пс. 67:6).

Как милостивый Отец

Отец прощает, проявляет нежность, милосердие и благосклонность к Своим детям, что в полной мере относится к Богу: «...как отец милует сынов, так милует Господь боящихся Его» (Пс. 102:13).

Как наставляющий Отец

Отец направляет своих детей, дает им мудрость и наставления. Так было и в отношениях Бога с Израилем. Он сказал о них:

> Они пошли со слезами, а Я поведу их с утешением; поведу их близ потоков вод дорогою ровною, на которой не споткнутся; ибо Я — отец Израилю… (Иер. 31:9).

Как Отец, требующий послушания

Поскольку Бог был их Отцом, народ должен был слушаться Его. Второзаконие 32:6 снова и снова повторяет: «Сие ли воздаете вы Господу, народ глупый и несмысленный? Не Он ли Отец твой, Который усвоил тебя?..»

Библейское представление о Боге

Когда явился Иисус, Он заново представил Своим иудейским слушателям Бога как любящего, благосклонного Отца для тех, кто знает, любит и слушается Его. В Нагорной проповеди Он учил их, что Отец заботится о нуждах Своих детей:

> Просите, и дано будет вам; ищите, и найдете; стучите, и отворят вам; ибо всякий просящий получает, и ищущий находит, и стучащему отворят. Есть ли между вами такой человек, который, когда сын его попросит у него хлеба, подал бы ему камень? И когда попросит рыбы, подал бы ему змею? Итак если вы, будучи злы, умеете даяния благие давать детям вашим, тем более Отец ваш Небесный даст блага просящим у Него (Матф. 7:7–11).

Иисус подтвердил для них то, чему учило их Писание и во что всегда верили верные, благочестивые иудеи: Бог — Отец Небесный для уповающих на Него.

Во всех Своих молитвах Иисус использовал обращение «Отец», за исключением случая, когда Он был на кресте, неся на Себе грех мира, и был оставлен Богом (Матф. 27:46). Хотя в тексте Матфея 6:9 используется греческое слово Патер, Иисус, вероятно, использовал арамейское слово Авва, поскольку на этом языке говорил Он Сам и большинство палестинских евреев. Поскольку Авва эквивалентно нашему слову «Папа», Иисус, видимо, использовал его, чтобы подчеркнуть личные и близкие отношения Бога со Своими детьми.

Возможность обращаться к Богу в молитве как к нашему любящему Небесному Отцу имеет несколько следствий.

Это рассеивает страх

Миссионеры сообщают, что, поскольку многие люди живут в страхе перед своими богами, один из величайших даров, который христианство когда-либо приносило примитивным обществам, — это уверенность в том, что Бог — любящий, заботливый Отец. Вымышленные ложные боги ложных религий обычно изображаются мстительными и ревнивыми, и их поклонники вынуждены идти на отчаянные меры, чтобы задобрить их. Но знание, что истинный Бог — наш Отец, рассеивает все эти страхи.

Это вселяет надежду

Среди враждебного мира, который стремительно рушится, Бог — наш Отец, и Он позаботится о нашем будущем. Если земной отец не жалеет сил, чтобы помочь своим детям и защитить их, то насколько больше наш Небесный Отец будет любить, защищать и поддерживать нас (Матф. 7:11)?

Это избавляет от одиночества

Если нас отвергают и бросают родные, друзья или даже единоверцы, мы знаем, что наш Небесный Отец никогда не оставит нас (Евр. 13:5). Чтобы избавиться от одиночества, верующему нужно только Божье присутствие.

Поль Турнье, христианский врач, пишет в своей книге «Случаи из врачебной практики в свете Библии»:

> У меня была одна пациентка, младшая дочь в большой семье, которую отцу было трудно содержать. Однажды она услышала, как отец в отчаянии пробормотал, имея в виду ее: «Мы вполне могли бы обойтись без нее». Это именно то, что Бог никогда не может сказать. Он любящий Отец для каждого из Своих детей[13].

Это побеждает эгоизм

Иисус включил всех детей Божьих в Свой образец молитвы. Об этом свидетельствует местоимения множественного числа с самой первой фразы «Отче наш» и далее во всей молитве. Иисус начал со слов «Отче наш», потому что наши молитвы должны охватывать всю общину верующих. Помните, что в Ефесянам 6:18 говорится, чтобы мы молились «о всех святых». Мы должны молиться, взывая к Богу о том, что лучше для всех, а не только для одного.

---

13   Paul Tournier, *A Doctor's Casebook in the Light of the Bible*, cited in William Barclay, *The Beatitudes and the Lord's Prayer for Every Man* (New York: Harper & Row, 1963), 172.

Это предоставляет ресурсы

Мы обращаемся к Богу: «Отче наш, сущий на небесах». Все небесные ресурсы доступны нам, когда мы доверяем Богу как своему небесному благодетелю. Он благословил «нас во Христе всяким духовным благословением в небесах» (Еф. 1:3). Комментатор Артур Пинк писал:

> Если Бог обитает на небесах, тогда молитва должна исходить из сердца, а не от уст, ибо ни один человеческий голос на земле не сможет разверзнуть небеса, но воздыхания и стоны достигнут Божьего слуха. Если мы хотим молиться небесному Богу, тогда наши души должны оставить все земное. Если мы молимся небесному Богу, тогда вера должна возносить наши прошения[14].

Чтобы вы ни искали, будь то мир, общение, знание, победа или смелость, все это в избытке есть у Бога в небесах. Нужно только попросить это у нашего Отца.

Это требует послушания

Если Иисус, истинный Сын Божий, сошел с небес не для того, чтобы творить Свою волю, но волю Отца (Иоан. 6:38), то насколько больше мы, как приемные дети, должны исполнять только Его волю? Послушание Богу — одна из важнейших особенностей наших отношений с Ним как детей.

Но по Своей милости Бог любит и заботится о Своих детях, даже когда они непослушны. Историю, рассказанную

---

14 Пинк А. Нагорная проповедь. Одесса: Христианское просвещение, 2008. С. 212–213.

Иисусом в Луки 15, правильнее было бы назвать притчей о любящем отце, а не о блудном сыне. Отец в этой истории изображает нашего Небесного Отца, радующегося о своих детях и прощающего их: и самодовольного сына, остающегося нравственным и честным, и мятежного сына, который стал распутным, ушел, но потом вернулся.

Когда вы начинаете свои молитвы с обращения «Отче наш, сущий на небесах», вы показываете свое желание идти к Нему, как ребенок, зная, что Он любит вас. И вы увидите, что Он готов внимать просьбам Своих детей, давать им Свою силу и вечное благословение, если это послужит им во благо и поможет раскрыть Его замысел и славу.

4

«ДА СВЯТИТСЯ
ИМЯ ТВОЕ»

На протяжении веков ни одно имя не подвергалось таким злоупотреблениям, как имена нашего Небесного Отца и Его Сына, Иисуса Христа. Используются ли они в эпитетах или ругательствах, в повседневной или официальной беседе, в светских или теологических дискуссиях, с их именами чаще обращаются с пренебрежением, чем с уважением или с восхищением. Мартин Ллойд-Джонс поделился своим глубоким суждением о том, как мы используем Божье имя:

>> Как заблуждается мир сей в своем понимании Бога! Если вы исследуете свое представление о Боге в свете учения Писания, вы сразу же поймете, что я имею в виду. Нам не хватает осознания Его величия и могущества. Послушайте, как люди говорят о Боге, и вы сразу же убедитесь, что они пренебрежительно используют священные слова. <…> Но мне страшно наблюдать за тем, как все мы легкомысленно произносим имя Бога. Мы даже не понимаем того, что Библия говорит

о вечном, благословенном, всемогущем и абсолютном Боге. В определенном смысле мы должны снимать свою обувь, когда произносим это имя[15].

Хотя мы можем морщиться и даже выказывать недовольство, слыша, как кто-то произносит Божье имя напрасно, нам стоит проверить свое расположение сердца. Равнодушие и отсутствие должного уважения к Его имени у тех, кто любит Его, может быть столь же отвратительным грехом.

К сожалению, христианство часто страдает именно от этой проблемы. Когда у верующих заниженное представление о Боге, все их внимание сосредоточено на удовлетворении потребностей в теле Христовом. Когда церковь принимает такой взгляд, она часто предлагает людям не более чем духовное плацебо. Она фокусируется на психологии, самооценке, развлечениях и множестве других занятий в попытке удовлетворить видимые и насущные потребности.

Однако крайне важно, чтобы церковь и каждый верующий в ней понимали, что они существуют, чтобы приносить славу Богу. Когда вы познаете и прославляете Бога, все нужды вашей жизни будут удовлетворены: «Начало мудрости — страх Господень…» (Прит. 9:10). Но многие верующие не благоговеют перед Богом; сами их поступки доказывают их непочтительность. Вместо того чтобы трепетать перед Словом Божьим, они искажают Его истины или подменяют их мирской философией.

Христианам действительно нужно увидеть свою настоящую потребность — осознать Божью святость и собственную греховность, чтобы стать полезными для Него ради Его славы.

---

15 Ллойд-Джонс. Нагорная проповедь. Т. 2. С. 72.

Когда у нас будет правильное отношение к Богу, каждый аспект нашей жизни встанет на свое предназначенное Богом место. Это не значит, что мы должны пренебрегать проблемами людей — мы должны заботиться о них так же, как и Бог. Но должен быть баланс, и он начинается с высокого представления о Боге. Мы должны серьезно относиться к Богу и всецело уважать Его.

Исходя из этого, вы можете понять, почему молитва всегда и везде — это, прежде всего, признание величия Божьей славы и наше подчинение ей. Все наши прошения, все наши нужды и все наши проблемы подвластны Ему. Бог должен иметь приоритет во всех аспектах нашей жизни, и уж точно в моменты нашего глубочайшего общения с Ним. Молитва не должна быть повседневной рутиной, воздающей Богу мимолетное почтение; она должна быть глубоким переживанием, дающим простор для выражения благоговения, трепета, благодарности, почтения и восхищения.

Значение имени Бога

Поэтому так уместно, что первое прошение в образце молитвы, который Господь дал нам, сосредоточено на Боге: «Да святится имя Твое» (Матф. 6:9). Комментатор Артур Пинк сказал: «Как же ясно тогда утверждается основной порядок в молитве: человеку и всем его нуждам должно отводиться второе место, а Господь должен иметь первенство в наших мыслях, желаниях и просьбах. Эта просьба должна предшествовать другим, потому что целью всего является слава Божьего великого имени…»[16] Хотя Он наш любящий

---

16   Пинк. Нагорная проповедь. С. 213.

Отец, желающий удовлетворить наши нужды из Своих небесных ресурсов, наше первое прошение должно быть не для нашей пользы, а для Его. Таким образом, «да святится имя Твое» — это предостережение от корыстной молитвы, потому что эта просьба всецело посвящена природе Бога и реакции человека на нее. Иисус не декламировал приятные слова о Боге. Напротив, Он открыл целый мир почтения, благоговения, славы и поклонения Богу.

Наиболее известное еврейское имя Бога — это Яхве, и впервые оно встречается в Исходе 3:14, где Бог говорит: «Я ЕСМЬ СУЩИЙ». Другое знакомое имя Бога — Адонай, что означает «Господин». Поскольку имя Бога считали священным, евреи фактически не произносили имя Яхве. В конце концов, ветхозаветные евреи взяли согласные от «Яхве», а гласные от «Адонай», так что получилось имя «Иегова». Прилагая столько усилий, чтобы почтить святость Божьего имени, они не обращали внимания на то, как бесчестят Его личность или нарушают Его Слово, так что все их усилия оказывались жалкой пародией.

Направляя наши мысли на Божье имя, Господь учит нас, что Божье имя — это нечто гораздо большее, чем Его титулы; оно выражает все, что Он собой представляет — Его характер, замысел и волю. Конечно, иудеи должны были это понимать, ведь в ветхозаветные времена имена означали нечто большее, чем просто титулы.

Указание на характер

В Писании имя человека представляло его характер. Бог назвал Давида «мужем по сердцу Своему» (1 Цар. 13:14), но и среди народа он приобрел хорошую репутацию: «И когда вожди Филистимские вышли на войну, Давид, с самого выхода их, действовал благоразумнее всех слуг Сауловых, и весьма прославилось имя его» (1 Цар. 18:30).

То, что его имя прославилось, означало, что прославился он сам. Когда мы говорим, что у человека доброе имя, мы подразумеваем, что в его характере есть что-то, достойное похвалы.

Когда Моисей поднялся на гору Синай, чтобы получить заповеди во второй раз, Господь «провозгласил имя Иеговы. И прошел Господь пред лицом его и возгласил: Господь, Господь, Бог человеколюбивый и милосердный, долготерпеливый и многомилостивый и истинный, сохраняющий милость в тысячи родов, прощающий вину и преступление и грех...» (Исх. 34:5–7). Имя Бога — это совокупность всех характеристик, перечисленных в стихах 6–7.

Наша любовь и доверие к Богу основаны не на Его именах или титулах, а на той реальности, которая стоит за этими именами: на Его характере. Давид сказал: «...и будут уповать на Тебя знающие имя Твое, потому что Ты не оставляешь ищущих Тебя, Господи» (Пс. 9:11). Имя Божье ценится за Его верность.

В типичной для древнееврейской поэзии форме Божья праведность и Его имя часто изображаются параллельно, показывая их равнозначность. Так, Давид провозглашает: «Славлю Господа по правде Его и пою имени Господа Всевышнего» (Пс. 7:18). Когда псалмопевец сказал: «Иные колесницами, иные конями, а мы именем Господа Бога нашего хвалимся...» (Пс. 19:8), он имел в виду гораздо больше, чем титул Бога; он имел в виду полноту Божьей личности.

Когда Христос пришел в мир, у людей, особенно у учеников, появилась возможность лично увидеть Божий характер. В Своей первосвященнической молитве Иисус сказал Отцу: «Я открыл имя Твое человекам, которых Ты дал Мне…» (Иоан. 17:6). Для этого Ему не нужно было рассказывать им об имени Бога, но Ему нужно было открыть им характер Бога. В Иоанна 1:14 говорится, как это было сделано: «И Слово стало плотию, и обитало с нами, полное благодати и истины; и мы видели славу Его, славу, как Единородного от Отца». Христос явил ученикам Бога Своей собственной праведной жизнью. Вот почему Он сказал Филиппу: «Видевший Меня видел Отца» (Иоан. 14:9).

Применять концепцию освящения Божьего имени в своих молитвах можно, например, так: «Отче наш, любящий нас и заботящийся о нас, имеющий на небесах запасы, чтобы восполнить все наши нужды; да святится Твоя личность, Твоя индивидуальность, Твой характер, Твоя природа, Твои атрибуты, Твоя репутация, само Твое существо». Святить Божье имя — это не какая-то заумная фраза, вставленная в молитвенный ритуал; это ваша возможность прославить Его, признавая величие и красоту Его характера.

Все это в имени

Каждое из многочисленных ветхозаветных имен и титулов Бога показывает разные грани Его характера и их выражение в Его воле. Например, Он назван Элохим — «Бог Творец»; Эль Элион — «Владыка неба и земли»; Иегова Ире — «Господь усмотрит»; Иегова Нисси — «Господь наше знамя»; Иегова Рафа — «Господь целитель»; Иегова Шалом — «Господь мир наш»; Иегова Раах — «Господь наш Пастырь»; Иегова Цидкену — «Господь оправдание наше»; Иегова Саваоф — «Господь воинств»; Иегова Шама — «Господь там»; и Иегова Мекаддишкем, что значит «Господь, освящающий тебя». Все эти имена говорят о качествах Бога. Таким образом, они говорят нам не только, Кто Он, но и какой Он.

Сам Иисус дает наиболее ясное учение о том, что означает Божье имя: само имя Иисус Христос — это величайшее имя Бога, и оно охватывает Его роль как Господа, Спасителя и Царя. Как Иисус Христос, Бог взял Себе множество других имен: Хлеб жизни (Иоан. 6:35), Вода живая (Иоан. 4:10), Путь, Истина и Жизнь (Иоан. 14:6), Воскресение (Иоан. 11:25), Пастырь добрый (Иоан. 10:11), Отрасль (Ис. 4:2), Звезда светлая и утренняя (Откр. 22:16), Агнец Божий (Иоан. 1:29) и многие другие. В одном из отрывков Ветхого Завета, в частности, перечислены несколько Его имен, каждое из которых обозначает Его природу: «Чудный Советник, Бог крепкий, Отец вечности, Князь мира» (Ис. 9:6). Жизнь Иисуса была совершенным выражением Божьего имени.

Свято имя Его

Рассмотрев значение имени Бога, мы должны обратить внимание на значение слова «святится». На самом деле это устаревшее слово, которым переведена форма греческого слова hagiazō со значением «делать святым». Слова, образованные от того же греческого корня, переводятся как святой, святость, освящать и освящение.

Бог повелевает Своему народу быть святым (1 Пет. 1:16), но только Сам Бог действительно свят. Молиться: «Да святится имя Твое» — значит приписывать Богу святость, которая уже есть и всегда была в высшей степени уникальной и присущей только Ему.

Святить Божье имя — значит почитать, чтить, прославлять и слушаться Его как единственного и абсолютно совершенного Бога. Когда мы так делаем, мы напоминаем себе о важном различии между Ним и нами. Бог живет в иной сфере, нежели мы. Он свят и непорочен, а мы грешники. Только благодаря тому, что Он милостиво даровал нам Иисуса Христа и оплатил наказание за наши грехи, мы можем приблизиться к Нему.

Мы согласны со словами Жана Кальвина, что Бог должен иметь Свою собственную честь, которой Он вполне достоин, и что мы никогда не должны думать или говорить о Нем без величайшего почтения[17].

Непочтение к Богу

Несмотря на множество поверхностных тенденций, поразивших значительную часть современного христианства, все же нет ничего более печального, чем непонимание самой главной истины о Боге: Он свят. Это единственный из Его атрибутов, который трижды повторяется в небесной сфере (Ис. 6:3). Отсутствие почтения и уважения к Богу, которых Он в высшей степени достоин, может привести к разрушительным последствиям.

Следующее повествование показывает, что может произойти, когда даже один из величайших Божьих служителей не проявляет к Нему должного уважения:

---

17   John Calvin, *A Harmony of the Gospels Matthew, Mark, and Luke* (Grand Rapids, MI: Baker, 1979), 318.

> И пришли сыны Израилевы, все общество, в пустыню Син в первый месяц, и остановился народ в Кадесе… И не было воды для общества, и собрались они против Моисея и Аарона; и возроптал народ на Моисея и сказал: о, если бы умерли тогда и мы, когда умерли братья наши пред Господом! Зачем вы привели общество Господне в эту пустыню, чтобы умереть здесь нам и скоту нашему? И для чего вывели вы нас из Египта, чтобы привести нас на это негодное место, где нельзя сеять, нет ни смоковниц, ни винограда, ни гранатовых яблок, ни даже воды для питья? И пошел Моисей и Аарон от народа ко входу скинии собрания, и пали на лица свои, и явилась им слава Господня. И сказал Господь Моисею, говоря: Возьми жезл и собери общество, ты и Аарон, брат твой, и скажите в глазах их скале, и она даст из себя воду: и так ты изведешь им воду из скалы, и напоишь общество и скот его. И взял Моисей жезл от лица Господа, как Он повелел ему. И собрали Моисей и Аарон народ к скале, и сказал он им: послушайте, непокорные, разве нам из этой скалы извести для вас воду? И поднял Моисей руку свою и ударил в скалу жезлом своим дважды, и потекло много воды, и пило общество и скот его. И сказал Господь Моисею и Аарону: за то, что вы не поверили Мне, чтоб явить святость Мою пред очами сынов Израилевых, не введете вы народа сего в землю, которую Я даю ему (Числ. 20:1–12).

Моисей не почтил Бога перед израильтянами, потому что ударил по скале, прямо ослушавшись Бога. Своими действиями Моисей привлек внимание людей к себе, возможно, чтобы они подумали, что он как-то причастен к этому чуду. Но, присвоив славу Бога и не воздав Ему чести, Моисей и Аарон не были допущены в Землю обетованную.

Список тех, кто не почтил Бога, обширен. Вот лишь небольшая выборка:

- Саул не подчинился Богу, но в нетерпении и своевольном непослушании не выполнил всех Божьих предписаний (1 Цар. 15:11), поэтому Бог лишил его престола.
- Оза не осознавал величия Божьей святости и посмел ослушаться указаний Бога (Числ. 4:15, 19–20). Бог поразил его за непочтение (2 Цар. 6:7).
- Озия возгордился, поступил беззаконно, был неверен Господу и, попирая Божью святость, вошел в храм, чтобы воскурить фимиам. Бог поразил его проказой (2 Пар. 26:16–23).
- Анания и Сапфира солгали Святому Духу. Согрешив таким образом против Божьей святости, они лишились жизни в течение нескольких часов после своего обмана (Деян. 5:1–11).
- Коринфяне недостойно ели хлеб и пили из чаши во время вечери Господней (1 Кор. 11:27–30). В результате многие заболели, а некоторые даже умерли.

Бог не всегда так сразу и непосредственно физически воздает тем, кто поступает недостойно Его святого характера. Но какие-то последствия всегда будут. Вот несколько основных: это дает врагу повод хулить Бога. Именно это Нафан сказал Давиду (2 Цар. 12:14; см. Иез. 20:39; 1 Тим. 5:14; 6:1). Слово Божье порицается (Тит. 2:5). Грех может сделать вас непригодным к дальнейшему служению при дворе Царя. Саул — классическая иллюстрация этого

(1 Цар. 15:23). Вы можете потерять свою жизнь или благополучие (Деян. 5:5, 10). Бог может лишить вас духовных благословений (Числ. 20:1–12). Божий гнев разгорается (Ис. 5:25). Божий Дух огорчается (Ис. 63:10).

Страх Господень обязательно нужен

Псалмопевец задавал вопрос: «Кто может обитать на святой горе Твоей?» (Пс. 14:1). Ответ прост: «Тот, кто ходит непорочно и делает правду, и говорит истину в сердце своем…» (ст. 2). Сегодня ничто так не нужно, как то, чтобы верующие вновь начали бояться Бога.

Э. У. Тозер хорошо сказал: «Ни одна религия не была больше, чем ее представление о Боге». У этой жемчужины есть следствие: ни одна церковь не больше, чем ее благоговение перед святым Богом. Он свят и требует, чтобы Его признавали таковым. Хотя большинство верующих понимают это умом, боюсь, очень немногие осознают, что это значит на практике.

Очевидно, что страх Божий — это не что-то дополнительное: «да пребудет… во все дни в страхе Господнем» (Прит. 23:17); «бойтесь… Того, Кто может и душу и тело погубить в геенне» (Матф. 10:28); «во всем повинуйтесь… боясь Бога» (Кол. 3:22). Центральное место в книге Притчей занимает древнееврейское слово yare, обозначающее страх и честь. Соломон использовал его 18 раз.

Бог всегда призывал Свой народ иметь такое представление о величии Его святости:

- Страх Божий побуждал Маноя ожидать мгновенной смерти, потому что он видел Бога (Суд. 13:22).

- Увидев огромность Божьей святости, Иов раскаялся и отказался от всего, что сказал по глупости (Иов. 42:5–6).
- Стоя в присутствии Божьей святости, Исаия произнес над собой проклятие: «Горе мне! Погиб я!» (Ис. 6:5).
- Аввакум вострепетал от голоса святого Бога (Авв. 3:16).
- Вернувшийся остаток убоялся Господа, услышав Его святое слово, сказанное пророком Аггеем (Агг. 1:12).
- Во время земного служения нашего Господа ученики часто сталкивались лицом к лицу с Его силой и святостью. Однажды, когда они пересекали Галилейское море, разразилась буря. Хотя они и боялись бури, они сильно испугались («убоялись страхом великим»), когда Иисус успокоил бурю (Марк. 4:41). Они испугались присутствия и силы Бога гораздо больше, чем смертоносной бури. Запятнанный грехом неверия, Петр молял своего безгрешного Господа выйти от него (Лук. 5:8). Иоанн, Иаков и Петр пали на лица свои и очень испугались, услышав голос Божий (Матф. 17:6).
- Неверующие люди умоляли Христа покинуть их местность, потому что боялись Его святой силы (Марк. 5:17).
- Иерусалимская церковь была в глубоком благоговении перед Божьей святостью (Деян. 2:43; 5:5, 11), а по всей Иудее, Галилее и Самарии церкви продолжали жить в страхе Господнем (Деян. 9:31).
- Увидев величие прославленного Христа, Иоанн в страхе пал к Его ногам, как мертвый (Откр. 1:17).

В каждом из этих примеров присутствие Бога порождало «трепет святости». Как я уже говорил в начале этой главы, такое отношение практически отсутствует в наши прагматичные дни, ориентированные на метод. И особенно этого не хватает в наших молитвах. Чтобы возродить его, мы должны стремиться к святости в страхе Божьем. Это всегда было Божьим желанием для Его народа: «...Я — Господь Бог ваш: освящайтесь и будьте святы, ибо Я свят...» (Лев. 11:44). Петр повторил этот призыв: «...но, по примеру призвавшего вас Святого, и сами будьте святы во всех поступках. Ибо написано: будьте святы, потому что Я свят» (1 Пет. 1:15–16; см. Лев. 19:2). Сегодня перед церковью Христа стоит следующая задача: «...очистим себя от всякой скверны плоти и духа, совершая святыню в страхе Божием» (2 Кор. 7:1).

Как святить Божье имя

Освящение Божьего имени, как и любое другое проявление праведности, начинается в сердце. Апостол Петр сказал: «Господа Бога святите в сердцах ваших...» (1 Пет. 3:15). Когда мы будем святить Господа в своем сердце, мы будем святить Его и в своей жизни. Давайте рассмотрим несколько практических способов, как это сделать, а также добиться того, чтобы мы святили Бога в своей молитвенной жизни.

Признавайте, что Бог есть

В Евреям 11:6 сказано: «...надобно, чтобы приходящий к Богу веровал, что Он есть...» Для честного и открытого ума Бог самоочевиден. У философа Иммануила Канта было много странных идей о Боге, но он был абсолютно прав, когда сказал: «...звездное небо надо мной и моральный закон во мне» ведут к Богу[18]. Но этого недостаточно — вы можете верить, что Бог есть, и при этом не святить Его имя.

Знайте истину о Боге

Многие люди утверждают, что верят в Бога, но не святят Его имя, потому что не имеют истинного познания о том, Кто Он такой. Познание истины о Боге и вера в нее свидетельствуют о почтительном отношении к Нему; добровольное неведение или вера в неправильную доктрину — о непочтительном отношении.

Некоторые люди думают, что запрет употреблять имя Бога напрасно относится только к ругательствам или проклятиям, но это не так. Вы можете употреблять имя Господа напрасно каждый раз, когда думаете о Боге что-то ложное или когда сомневаетесь в Нем и не верите Ему. Отец ранней церкви Ориген в своем опровержении греческого философа Цельса говорил, что человек, вносящий в свое представление о Боге идеи, которым там нет места, напрасно употребляет имя Господа Бога[19].

Некоторые утверждают, что Бог жестокий и мстительный, обвиняют Его в отсутствии любви, в том, что Он без разбора отправляет людей в вечный ад, что Он союзник Израиля, истребляющий остальные народы. Иов впал в тот же грех осуждения, когда сказал: «Ты сделался жестоким ко мне…» (Иов. 30:21). Мы не можем почитать Бога, Чей характер и воля нам неизвестны или безразличны. Даже когда мы знаем и почитаем Его, этого все еще недостаточно.

18 Кант И. Критика практического разума // Сочинения: в 6 т. М.: Мысль, 1965. С. 499.
19 Ориген. Против Цельса // О началах. Против Цельса. СПб.: Библиополис, 2008. С. 437, кн. 1, гл. 25.

Сознавайте Его присутствие

Как я уже говорил в первой главе, чтобы быть верными верующими, мы должны каждый день своей жизни проживать в постоянном осознании Бога. Нерегулярные размышления не могут святить имя Божье. Я уверен, что многие размышляют о Нем сразу после утреннего воскресного богослужения, но что потом, в конце дня и на протяжении всей недели?

Все это время вы должны сознательно включать Его в каждую свою мысль, слово и действие, если хотите по-настоящему святить Божье имя. Такое отношение было у Давида: «Всегда видел я пред собою Господа…» (Пс. 15:8). Но этого все еще недостаточно, чтобы по-настоящему святить Божье имя.

Живите в послушании

Имя нашего Отца святится больше всего, когда мы поступаем согласно Его воле. Для христиан жить в непослушании Богу — высшая степень напрасного употребления Его имени, когда мы называем Господом Того, за Кем даже не хотим следовать. Иисус предостерегал: «Не всякий, говорящий Мне: „Господи! Господи!“, войдет в Царство Небесное, но исполняющий волю Отца Моего Небесного» (Матф. 7:21).

Когда мы не слушаемся Бога, мы уменьшаем нашу способность почитать Его имя и быть средством проявления Его святости. Однако мы сможем святить Божье имя, если будем есть, пить и делать все остальное во славу Его (1 Кор. 10:31). Мы также чтим Его имя, когда привлекаем к Нему других благодаря своей преданности. «Так да светит свет [наш] пред людьми, чтобы они видели [наши] добрые дела и прославляли Отца [нашего] Небесного» (Матф. 5:16).

Когда у вас правильные мысли о Боге и вы живете праведно, вы будете святить Его имя. Псалом 33:4 обобщает учение этой фразы следующим увещеванием: «Величайте Господа со мною, и превознесем имя Его вместе».

Когда вы будете молиться в следующий раз, надеюсь, вы увидите себя входящим в тронный зал Бога, святое место, где Его нужно чтить. Не бойтесь остаться наедине с Богом небесным — просто будьте уверены, что вы подходите к этому времени с уважением, подобающим Его святому имени.

5

«ДА ПРИИДЕТ ЦАРСТВИЕ ТВОЕ»

В последние годы мы наблюдаем стремительный упадок более чем 150-летнего сильного христианского библейского влияния в нашей стране. Несколько лет назад кто-то предположил, что мы живем в постхристианской Америке. Хотя Америка из всех сил старается соответствовать статусу номинального христианства, сегодня больше похоже, что она недотягивает до христианства. Люди посещают религиозные службы и говорят, что верят в Бога, но в лучшем случае они придерживаются практического атеизма и ситуационной морали. Все остатки христианской религии, которые еще сохранились в нашей культуре, стали слабыми и компромиссными, если не сказать культовыми и отступническими.

Сегодня наша страна через свои законодательные и судебные органы утверждает явно антихристианскую позицию. Все сугубо христианское было практически уничтожено под эгидой равноправия и нравственной свободы. Божественные стандарты и библейская нравственность, которые когда-то принимал наш народ, постоянно подвергаются нападкам. Теперь здесь царит моральная свобода. Материализм и крушение семьи носят характер эпидемии. В стране процветают аборты, сексуальные пороки, наркотики и преступность. И наши руководители не знают, что делать, потому что не осталось стандартов, обеспечивающих контроль над этими проблемами.

Для тех из нас, кто помнит великое возрождение 70-х, современное развращение особенно печально. Но эта печаль, если ее не сдерживать, может привести к озлоблению, особенно по отношению к тем, от кого зависит власть, СМИ и общество, кто поощряет антихристианскую позицию.

Однако больше всего меня беспокоит открытая враждебность, которую часто провоцирует недовольство руководством нашей страны. Когда такое отношение сливается с представлением, что христиане должны воздействовать на культуру, законодательно насаждая нравственность, церковь сильно отклоняется от своей главной цели. Хотя менять наше общество, призывая его к более здоровой нравственности, — благородная цель, это никогда не было целью Христа для Его церкви.

У церкви есть лишь одна задача в этом мире: привести людей, обреченных на вечность в аду, к спасительному познанию Иисуса Христа и вечности на небесах. Если люди умирают при коммунистическом правительстве или при демократии, под властью тирана или благодетельного диктатора, считая гомосексуализм правильным или неправильным, считая аборт фундаментальным правом женщины или просто массовым убийством, это никак не влияет на то, где они проведут вечность. Если они не познали Христа и не приняли Его как своего Господа и Спасителя, они проведут вечность в аду.

«Царство Мое не от мира сего, — сказал Иисус Пилату, — если бы от мира сего было Царство Мое, то служители Мои подвизались бы за Меня, чтобы Я не был предан Иудеям…» (Иоан. 18:36). Ни одно человеческое царство или общество не сможет слиться с Божьим Царством, даже частично. Грешный человек не может принадлежать к тому, где царствует Бог. Вот почему мы не можем приблизить Царство Божье, пытаясь улучшить моральные устои нашего общества.

Добрые и благородные дела могут быть достойны поддержки, но они никак не помогают установить Царство Иисуса Христа на земле. В лучшем случае они могут лишь сдерживать разложение, которое всегда и неизбежно присуще человеческому обществу и царству.

Америку ждет лишь одна участь: пойти путем всех остальных народов. Ни одно человеческое царство не будет существовать вечно, потому что в нем заложены греховные семена его собственной гибели: «Праведность возвышает народ, а беззаконие — бесчестие народов» (Прит. 14:34); «…Который в прошедших родах попустил всем народам ходить своими путями…» (Деян. 14:16).

Хотя все царства мира, включая Америку, возвышаются и низвергаются, врата ада никогда не одолеют Божье Царство (Матф. 16:18). Возможно, вы разочарованы безнравственной позицией нашей страны и ее враждебностью к Богу, но можете быть уверены, что даже сейчас Христос строит Свою церковь. Однажды Господь вернется, чтобы установить Свое совершенное Царство. Именно тогда наконец осуществится то, чего мы так страстно ждали и чего желали ученики Христа в I веке: увидеть, как Христос правит на земле, а люди всего мира склоняются перед Ним.

Автор гимнов XIX века Фрэнсис Хавергал прекрасно передала эти чувства в словах, обращенных к Христу в песне «Его пришествие во славу»:

> Что за радость будет видеть,
> Как Ты правишь, мой Иисус!
> Как сердечно все созданья,
> Преклоняясь, с ликованьем
> Честь и славу воздают;
>
> Как мой Друг и Господин,
> В правде сядешь Ты на трон;
> И по всей земле один
> Будешь Ты превознесен.

Божье обетование

Тот, Кто вправе властвовать и царствовать, — не Кто иной, как Сам Царь, Царь царей и Господь господствующих, Иисус Христос. Псалом 2:6–8 говорит о Нем: «Я помазал Царя Моего над Сионом, святою горою Моею; возвещу определение: Господь сказал Мне: Ты Сын Мой; Я ныне родил Тебя; проси у Меня, и дам народы в наследие Тебе и пределы земли во владение Тебе…» Исаия 9:6 говорит: «…владычество на раменах Его…» Иисус Христос — это Тот, в Ком исполнилось обетование о грядущем Царе. Он Мессия — «Помазанник». Он надежда Израиля, надежда церкви и надежда всего мира.

Когда-то Даниил истолковал сон, в котором истукан, изображающий царства мира, разбился вдребезги, когда на него упал камень, символизирующий Христа (Дан. 2:34–35). Затем этот камень наполнил всю землю. Символизм понятен: Христос в конце концов сокрушит царства людей и установит Свое собственное.

Христос неотделим от Своего Царства. Святой замысел Божий состоит в том, чтобы возвеличить Христа при завершении истории, когда Сын будет властвовать и править в Своем Царстве. Иудейский Талмуд прав, когда говорит, что молитва, в которой не упоминается Царство Божье, — это вообще не молитва (Брахот 21а).

Наш новый приоритет

Нашим самым большим желанием как верующих должно быть увидеть, как Господь царствует в Своем Царстве, имея честь и власть, которые всегда по праву принадлежат Ему, но за которыми Он еще не пришел. Это приводит к второй просьбе в нашем образце молитвы из Матфея 6:10. Молиться: «Да приидет Царствие Твое», — значит молиться о том, чтобы Божья программа была исполнена, чтобы Христос пришел и воцарился.

Когда вы искренне верите и по-настоящему исповедуете Христа как Господа, вы подтверждаете, что вся ваша жизнь направлена на Его возвеличивание. Ваши собственные цели правомерны лишь постольку, поскольку они согласуются с вечными целями Бога, явленными во Христе. Когда я молюсь: «Да приидет Царствие Твое», я говорю Святому Духу Божьему: «Дух Христа внутри меня, возьми контроль и делай то, что Тебе угодно во славу Твою». Истинное дитя Божье будет увлечено не своими собственными планами и желаниями, а установленной Богом программой, явленной в личности Иисуса Христа.

Справляться с собой

Несмотря на наше желание заботиться о Божьем Царстве, наши молитвы обычно эгоистичны. Мы сосредоточены на своих потребностях, планах и стремлениях. Мы часто похожи на малышей, которые не знают другого мира, кроме мира своих собственных чувств и желаний. Наша жизнь — это непрерывная борьба с нашими старыми греховными привычками, с их постоянной и неустанной сосредоточенностью на себе.

Даже проблемы и вопросы, с которыми сталкиваются другие, могут заслонить от нас главную заботу о Божьем Царстве. Мы обязаны молиться о своих семьях, пасторах, миссионерах, государственных и других руководителях, а также о многих других людях и делах. Но в каждом случае наши молитвы должны быть о том, чтобы Бог исполнил Свою волю в этих людях и через них — чтобы они думали, говорили и поступали в соответствии с Его волей.

Царство должно быть в центре наших молитв. Прежде чем ринуться в Его присутствие со всеми своими прошениями, нам нужно остановиться и задуматься о Его делах и Его Царстве. Мы должны утвердиться в своем желании, чтобы Он был прославлен в Своих замыслах.

Справляться с сатаной

Как только мы хотим жить святой жизнью для Христа, мы сталкиваемся с серьезным конфликтом. Самую большую преграду для Царства Христа и самую большую преграду для христианской жизни представляет царство мира сего, которым правит сатана.

В следующий раз, когда вы начнете возмущаться очередной победой безбожников в нашей стране, подумайте об источнике этого. Суть царства сатаны всегда заключалась в противостоянии Божьему Царству и Божьему народу. Сатана будет противостоять всем усилиям верующего жить святой и богоугодной жизнью.

Царство не от мира сего

Греческое слово, переведенное как «царство» (basileia), в первую очередь обозначает не географическую территорию, а владычество и господство. Поэтому, когда мы молимся: «Да приидет Царствие Твое», мы молимся о том, чтобы Божье правление на земле началось, когда Христос займет Свое законное место правителя земли. «Да приидет» — перевод повеления в аористе от глагола erchomai, означающего внезапное, мгновенное пришествие (см. Матф. 24:27). Мы должны молиться именно о наступлении Его тысячелетнего Царства (Откр. 20:4).

Оно принадлежит Богу

Царство, о котором мы молимся, уникально, потому что оно не принадлежит ни одному земному монарху; им владеет Отец «наш, сущий на небесах» (Матф. 6:9). Как верующие, мы уже не от мира сего (Иоан. 17:14). Наши главные интересы переместились за пределы этого мира, и наше истинное гражданство теперь на небесах (Флп. 3:20). Мы лишь странники и пришлецы (1 Пет. 1:17), ожидающие, когда войдем в город, художник и строитель которого — Бог (Евр. 11:10).

Божье Царство совсем не похоже на созданные человеком царства этого мира. Египет, Ассирия, Вавилон, Мидо-Персия, Греция и Рим перестали быть мировыми державами — их время в центре внимания было недолгим. У Александра Македонского была одна из величайших империй за всю историю мира, но и она миновала. Все некогда великие цивилизации исчезли.

Слова Даниила о конце Вавилонской империи можно отнести ко всем государствам мира: «...исчислил Бог царство твое и положил конец ему... ты взвешен на весах и найден очень легким... разделено царство твое и дано Мидянам и Персам» (Дан. 5:26–28). Земные царства идут путем всякой плоти — разлагающая сила греха приводит к неизбежному упадку и гибели.

Но Царство Божье больше, чем любое государство. Наш Господь сказал: «Ищите же прежде Царства Божия и правды Его, и это все приложится вам» (Матф. 6:33). Он позаботится обо всех наших нуждах: одежде, крове и пище, — когда мы будем искать Его Царства. Поэтому мы должны молиться: «Господи, делай все, что укрепляет Твое Царство и приближает Твое правление».

Христос — его Правитель

Царство Божье, или Царство Небесное, было главной темой вести Иисуса. Это Евангелие — Благая весть о Царстве нашего Господа и Его Христа. Куда бы Он ни отправлялся, Иисус проповедовал весть о спасении. Он даже сказал:

«…благовествовать Я должен Царствие Божие, ибо на то Я послан» (Лук. 4:43). Царствование Христа — это не что иное, как вершина истории и человечества. Иисус провел три года с учениками, уча их о Царстве. После смерти и воскресения Он являлся им в течение сорока дней, давая им повеления и говоря о Царстве Божьем (Деян. 1:2–3).

Иисус говорил о Божьем Царстве в трех аспектах: прошлом, настоящем и будущем. Оно было в прошлом, когда его воплощали Авраам, Исаак и Иаков (Матф. 8:11). Оно было в настоящем во время земного служения самого Иисуса, когда Он был истинным Царем, живущим среди людей (Лук. 17:21). Но особое внимание в наших молитвах уделяется Царству, которому еще предстоит прийти.

Как мы уже видели, Иисус говорил, что Его Царство не от мира сего (Иоан. 18:36). Но что это за Царство и как оно может быть здесь и в то же время в будущем? Нам необходимо рассмотреть два аспекта Царства: оно одновременно и вселенское, и земное.

Вселенский аспект

Бог — Правитель вселенной. Он создал ее, Он управляет ей и держит ее в единстве. Джеймс Орр заметил: «Таким образом, в Писании признается…природное и вселенское царство или владычество Бога, охватывающее все предметы, лица и события, все поступки людей и народов, все действия и изменения природы и истории, абсолютно без исключения»[20]. Божье Царство — «царство всех веков» (Пс. 144:13), и даже сейчас «царство Его всем обладает»

---

20   James Orr, цит. по: Alva J. McClain, *The Greatness of the Kingdom* (Winona Lake, IN: BMH, 1980), 22.

(Пс. 102:19). Бог — вселенский Царь, и Он осуществляет Свое правление через Своего Сына, через Которого Он сотворил мир и о Котором сказано: «...Он есть прежде всего, и все Им стоит» (Кол. 1:17).

Земной аспект

Когда Иисус в Своем образце молитвы сказал: «Да приидет Царствие Твое», Он, по сути, сказал: «Да придет на землю вселенское Царство, утвержденное на небесах». Обратите внимание на последние слова в Матфея 6:10: «и на земле, как на небе». Это типичный древнееврейский параллелизм, и он может относиться к первым трем прошениям в «молитве учеников». Мы можем сказать: «Да святится имя Твое и на земле, как на небе. Да приидет Царствие Твое и на земле, как на небе. Да будет воля Твоя и на земле, как на небе».

Поскольку сейчас Бог не правит на земле так, как Он правит на небе, мы должны молиться о наступлении Божьего земного Царства — чтобы Христос вернулся и установил Свое земное Царство, покончил с грехом и обеспечил послушание Божьей воле. Тогда Господь будет править «жезлом железным» (Откр. 2:27).

Спустя тысячу лет Его земное Царство сольется с Его вечным Царством и не будет никакого различия между Его правлением на земле и правлением на небе.

Установление Божьего Царства на земле

Фразу «да приидет Царствие Твое» лучше всего перевести как: «Пусть Твое Царство придет сейчас». Какие обстоятельства ведут к установлению Его правления на земле?

Обращение неверующих

В настоящее время, хотя и ограниченным, но реальным и чудесным образом, Божье Царство приходит на землю каждый раз, когда в него входит новая душа. Таким образом, «да приидет Царствие Твое» — это молитва о благовестии.

В настоящее время Царство Христа существует на земле внутренне, в сердцах и умах верующих. Мы должны молиться, чтобы Царство Божье увеличивалось. Молитва о пришествии Царства, в этом смысле, — это молитва о спасении душ. Царство — это сфера спасения, в которую входят через покаяние и веру в Иисуса Христа.

Обращение в Божье Царство начинается с призыва. В Евангелии от Матфея 22 Иисус уподобил Царство Небесное человеку, устраивающему большой брачный пир. Он отправил приглашения гостям. Когда те, кого сначала пригласили, отказались прийти, человек сказал: «...итак пойдите на распутия и всех, кого найдете, зовите на брачный пир» (Матф. 22:9). Приглашение Христа распространяется на весь мир.

Это приглашение в Царство Божье требует покаяния. Иисус сказал: «Покайтесь, ибо приблизилось Царство Небесное» (Матф. 4:17; см. Марк. 1:14–15). И это требует добровольного отклика со стороны слушателя. Однажды Иисус сказал книжнику: «Недалеко ты от Царствия Божия» (Марк. 12:34). Хотя он знал о спасении, он еще не сделал сознательного выбора, чтобы принять его. Знание о Царстве — это еще не все. Если люди хотят, чтобы Христос правил в их сердцах и умах, они должны откликнуться на то, что они знают.

Иисус сказал: «Ищите же прежде Царства Божия и правды Его...» (Матф. 6:33). Люди, искренне желающие познать Христа, откликнутся на это приглашение и взыщут Христа всем сердцем. В Луки 16:16 сказано: «Закон и пророки до Иоанна; с сего времени Царствие Божие благовествуется, и всякий усилием входит в него». Греческое слово, переведенное как «усилием», означает «войти с силой». Когда человек с правым сердцем видит ценность Божьего Царства, он бросается, чтобы получить его. Царство Небесное имеет такую безграничную ценность, что оно подобно «сокровищу, скрытому на поле» или «драгоценной жемчужине», ради приобретения которой человек продает все свое имущество (Матф. 13:44–46).

Отношение верующих

Желание тех, кто уже обращен, должно состоять в том, чтобы Господь правил в их жизни сейчас также, как Он правит на небесах. В своей жизни мы часто оказываемся на перепутье, где нам приходится выбирать между исполнением Божьей воли и своей собственной. Именно в такие моменты нам нужно подтвердить свою приверженность Божьим целям. Поскольку Христос — Господь, мы должны подчиниться Его господству. В Римлянам 14:17 апостол Павел сказал: «Ибо Царствие Божие не пища и питие, но праведность и мир и радость во Святом Духе». Когда вы посвятите себя добродетелям, которые Дух хочет произвести в вашей жизни, вы будете молиться, чтобы вы своей жизнью чтили и прославляли Небесного Отца.

Наступление земного правления Христа

Однажды небеса раскроются, и Иисус сойдет на Елеонскую гору, чтобы установить Свое Царство (Зах. 14:4). Он будет царствовать тысячу лет (Откр. 20:4) и править жезлом железным (Откр. 19:15). Это время будет ответом на молитву: «Да приидет Царствие Твое». Христос будет царствовать в праведности, справедливости, истине и мире. Он будет править на земле на престоле Давида в Иерусалиме и устранит проклятия, постигшие эту землю. Подобно Петру, я ожидаю и жажду скорейшего наступления дня, когда Он придет. И вместе с апостолом Иоанном я говорю: «Гряди, Господи Иисусе» (Откр. 22:20). Я надеюсь, что это будет вашей просьбой каждый раз, когда вы молитесь.

6

«ДА БУДЕТ
ВОЛЯ ТВОЯ»

Одна из дилемм, о которой христиане спорят на протяжении веков, — совершает ли Бог Свою волю независимо от того, молимся мы или не молимся. Когда мы искренне и настойчиво молимся, как Христос учил нас, может ли наша воля превозмочь Божью? Когда мы не молимся, нарушается ли Его воля?

Факт остается фактом: никто из нас не может понять, как именно действует молитва в бесконечном разуме и плане Бога. То, что для нас кажется непостижимой загадкой, для Бога не проблема. Но это не значит, что богословы не пытались решить эту дилемму.

Чтобы разобраться в этом вопросе, были предложены два основных доктринальных взгляда. Одна точка зрения подчеркивает Божью суверенность и в своем крайнем применении утверждает, что Бог будет действовать согласно Своей совершенной воле независимо от того, как люди молятся и молятся ли вообще.

Таким образом, молитва — это не более чем подстраивание под Божью волю. Противоположная крайность — это мнение, что действия Бога в отношении нас в значительной степени определяются нашими молитвами. Наши настойчивые мольбы побудят Бога сделать для нас то, что Он иначе не сделал бы.

Пастор и автор Джеймс Монтгомери Бойс рассказал следующую юмористическую историю о том, как этот парадокс ставит в тупик даже наших величайших духовных лидеров:

> В какой-то момент своего весьма влиятельного служения Джордж Уайтфилд, кальвинистский благовестник, и Джон Уэсли, арминианский благовестник, вместе проповедовали днем и ночевали в одной и той же комнате в пансионе. Однажды вечером после особенно напряженного дня они вдвоем вернулись в пансион уставшие и стали готовиться ко сну. Когда они были готовы, каждый встал на колени у кровати, чтобы помолиться. Кальвинист Уайтфилд молился примерно так: «Господи, мы благодарим Тебя за всех, с кем сегодня говорили, и радуемся, что их жизнь и судьба полностью в Твоей руке. Почти наши старания согласно Твоей совершенной воле. Аминь». Он поднялся с колен и лег в постель. Уэсли, который за это время едва ли успел закончить вступление к молитве, посмотрел на него от своего края кровати и сказал: «Мистер Уайтфилд, так вот куда ведет вас ваш кальвинизм?» Затем он склонил голову и продолжил молиться. Уайтфилд остался в постели и заснул. Примерно через два часа Уайтфилд проснулся, а Уэсли все еще стоял на коленях у кровати. Тогда Уайтфилд встал и, обойдя кровать, подошел к тому месту, где Уэсли стоял на коленях. Придя туда, он увидел, что Уэсли спит. Он потряс

его за плечо и сказал: «Мистер Уэсли, так вот куда ведет вас ваше арминианство?»[21]

Подобно Уайтфилду и Уэсли, мы не можем даже приблизиться к пониманию божественного действия, благодаря которому молитва становится эффективной. Библия однозначно говорит об абсолютной суверенности Бога, однако в рамках Своей суверенности Он повелевает нам проявлять свою ответственную волю в определенных сферах, в том числе обращаться к Нему в молитве. Если бы Бог не действовал в ответ на молитву, то учение Иисуса о молитве было бы бесполезным и бессмысленным, а все повеления молиться — бесцельными.

Наша задача не в том, чтобы решить дилемму, как Божья суверенность сочетается с человеческой ответственностью, а в том, чтобы верить и действовать согласно тому, что Бог повелевает нам о молитве.

Молиться об исполнении Божьей воли — это тема третьего прошения в образце молитвы нашего Господа. После прошений, чтобы святилось имя Божье и пришло Его Царство, Иисус сказал, что мы должны молиться: «Да будет воля Твоя и на земле, как на небе» (Матф. 6:10). Когда мы молимся, мы должны делать это в соответствии с Божьей волей. Его воля должна стать нашей волей. Мы также молимся, чтобы Его воля восторжествовала по всей земле, как это происходит на небесах.

Давид молился в духе этого третьего прошения, когда говорил: «...я желаю исполнить волю Твою, Боже мой...»

---

21 James Montgomery Boice, *The Sermon on the Mount* (Grand Rapids, MI: Zondervan, 1972), 183–184.

(Пс. 39:9). Такое же отношение было и у Христа: «Моя пища есть творить волю Пославшего Меня…» (Иоан. 4:34; см. Матф. 12:50; Иоан. 6:38).

Неизбежна ли Божья воля?

К сожалению, многие люди, в том числе и верующие, не имеют такого же отношения к третьему прошению «молитвы учеников».

Горькая обида

Некоторые люди, называющие себя верующими, возмущаются тем, что они воспринимают как навязывание Божьей воли, когда божественный диктатор исполняет Свою суверенную, эгоистичную волю в отношении Своего народа. Они молятся из чувства принуждения, считая, что не могут избежать неизбежного.

Комментатор Уильям Баркли сказал:

>> Человек может сказать: «Да будет воля Твоя» тоном признания своего поражения. Он может сказать это не потому, что хочет этого, а потому, что согласился с тем, что ему не остается сказать ничего больше, поскольку он признал, что ничего не может сделать против силы Божьей, и что бессмысленно биться головой о стены вселенной[22].

Персидский поэт XI века Омар Хайям имел сходное представление о Боге. В «Рубайяте», сборнике четырехстрочных эпиграмм, он написал:

---

22 William Barclay, *The Gospel of Matthew* (Philadelphia: Westminster, 1975), 1:212.

> Мир я сравнил бы с шахматной доской:
>
> То день, то ночь… А пешки? — мы с тобой.
>
> Подвигают, притиснут — и побили.
>
> И в темный ящик сунут на покой.
>
> Мяч брошенный не скажет: «Нет!» и «Да!»
>
> Игрок метнул, — стремглав лети туда!
>
> У нас не спросят: в мир возьмут и бросят.
>
> Решает Небо — каждого куда[23].

Этот персидский поэт представил Бога как игрока в шахматы, имеющего полную власть над фигурами, передвигающего их по своей прихоти и убирающего в ящик, когда закончит. Поэт также изобразил Бога в виде игрока в поло с клюшкой, а человека — в виде мяча, у которого нет абсолютно никакого выбора в том, как по нему ударят и куда он полетит. Но такая точка зрения показывает недостаток знаний о том, как Бог на самом деле взаимодействует со Своим народом.

Пассивная покорность

Однако другие верующие не обижаются на Божью волю. Они считают Его своим любящим, заботливым Отцом, желающим им только добра. И все же они покоряются Его воле как неизбежной, неизменной и непреодолимой силе в их жизни, поэтому думают, что от их молитв ничего не зависит. Они молятся, чтобы Его воля исполнилась только потому, что Он повелел это делать. Но это, конечно, не молитва веры; это скорее молитва капитуляции. Верующие, которые молятся так, принимают Божью волю с отношением ем пораженца.

---

23 Перевод И. И. Тхоржевского.

Слишком много верующих имеют слабую молитвенную жизнь, потому что они не верят, что их молитвы чего-то достигают. Они просят Господа о чем-то, а потом забывают об этом, как будто заранее знают, что Бог вовсе не собирается исполнять их просьбу.

Даже в первые дни существования церкви, когда вера в целом была сильной и живой, молитва могла быть пассивной и ничего не ожидающей. Когда апостола Петра посадили в тюрьму в Иерусалиме, группа верующих собралась в доме Марии, матери Иоанна Марка, чтобы молиться о его освобождении (Деян. 12:12). Когда они молились, ангел Господень чудесным образом освободил Петра от цепей (ст. 7–10).

Когда верующие еще молились, Петр подошел к дому и постучал в дверь. Служанка по имени Рода подошла к двери и, узнав голос Петра, развернулась и бросилась рассказывать остальным, еще не открыв Петру дверь (ст. 13–14). Однако остальные не поверили ей, пока наконец не впустили Петра. Тогда они «увидели его и изумились» (ст. 16). Очевидно, они молились об этом, но не верили, что это действительно произойдет.

Молитва — это не пустая обязанность, которую нужно выполнять только ради послушания. Это может показаться хорошим мотивом, но его результат ничем не отличается от лицемерия фарисеев, которые молились напоказ. Мы должны молиться с верой, полагая, что наши молитвы действительно имеют значение для Бога. Чтобы предостеречь учеников от такой пассивной и бездушной покорности, Иисус рассказал им притчу о настойчивой вдове, «что должно всегда молиться и не унывать» (Лук. 18:1).

Живет ли и здравствует Божья воля на земле?

Просьба «да будет воля Твоя и на земле» указывает на то, что Божья воля на земле не всегда исполняется. Это относится и к некоторым другим элементам этой молитвы. Мы молимся «Да святится имя Твое», но имя Божье не так часто святится здесь. Мы просим, чтобы пришло Его Царство, но есть много тех, кто отвергает Его правление. Таким образом, Его воля не является неизбежной. Фактически, отсутствие верной молитвы препятствует Божьей воле, потому что в Его мудром и милостивом плане молитва необходима для надлежащего исполнения Его воли на земле.

Влияние греха

Бог суверенный, но неверно считать Его независимо детерминистическим. Слишком много верующих воспринимают Божью суверенность фаталистически: что будет, то будет. Они расценивают каждую трагедию как исходящую из Божьей руки, будь то личная, как, например, смерть или болезнь близкого человека, или всеобщая, как землетрясение или наводнение. Но такое отношение губит верную молитву и верное послушание. Это не высокое представление о Божьей суверенности, а разрушительное и небиблейское представление о ней.

Весь ход событий и обстоятельств предопределен Богом, и в том числе позволение причины всех жизненных трагедий — греха. Чтобы считать Бога абсолютно суверенным, мы должны согласиться с тем, что Он задумал, что грех произойдет. Он планировал это — это не могло застать Его врасплох и испортить Его первоначальный замысел. Таким образом, зло и все его последствия были включены в вечный Божий замысел еще до основания мира.

Однако мы не можем считать Бога автором или источником греха. Апостол Иоанн сказал: «Бог есть свет, и нет в Нем никакой тьмы» (1 Иоан. 1:5; см. Иак. 1:13). Бог не санкционировал грех, Он также не потворствует ему и не одобряет его. Он никогда не мог быть причиной или исполнителем греха. Он лишь позволяет злым существам совершать свои дела, чтобы затем преодолеть зло ради Своих мудрых и святых целей. Конечно, нет Божьей воли на то, чтобы люди умирали, поэтому Он послал Христа на землю, чтобы уничтожить смерть. Нет Его воли, чтобы люди попадали в ад, поэтому Он послал Своего Сына взять наказание за грех на Себя, чтобы люди могли избежать ада. Апостол Петр сказал: «Не медлит Господь исполнением обетования, как некоторые почитают то медлением; но долготерпит нас, не желая, чтобы кто погиб, но чтобы все пришли к покаянию» (2 Пет. 3:9). То, что грех существует на земле и приводит к таким ужасным последствиям, свидетельствует не о желании Бога, чтобы грех изобиловал, а о Его терпении, когда Он дает людям больше возможностей обратиться к Нему за спасением. Таким образом, мы можем заключить, что когда Бог позволяет зло, Его цели всегда благие[24].

Между суверенностью Бога и волей человека всегда будет существовать некая напряженность, поэтому мы не должны пытаться разрешить ее, изменяя то, что Он говорит о каждой из этих истин. Бог суверенен, но Он дает нам право выбора. И именно по Своей суверенности Он повелевает

---

24 Более подробное рассмотрение этой темы см. в 5-й главе моей книги «Отмирающая совесть» (Самара: Благая весть, 2022. С. 133–158).

нам молиться: «Да будет воля Твоя и на земле, как на небе» (Матф. 6:10).

Праведное восстание

В первой главе мы рассматривали притчу Иисуса о вдове и неправедном судье (Лук. 18:1–8). Она явно не желала принимать свои обстоятельства такими, какие они и есть, но настойчиво просила судью рассмотреть ее проблему. Нам нужно иметь такой же настрой, когда мы молимся о том, чтобы Божья воля исполнялась на земле. Богослов Дэвид Уэллс сказал: «Принять жизнь „как она есть“, принять ее на ее собственных условиях, — то есть признать неизбежность того, как она устроена, — значит отказаться от христианского представления о Боге»[25].

В правильном понимании Божьей воли и правильном отношении к ней есть то, что можно назвать чувством праведного восстания. Чтобы быть верным Божьей воле, необходимо противостоять воле сатаны. Молиться: «Да будет воля Твоя и на земле, как на небе», — значит восставать против представления, что грех нормален и неизбежен, и с ним следует мириться. Когда вы всецело отдаете себя делу исполнения Божьей воли на земле, вы восстаете против мировой системы безбожия. Вы отрекаетесь от всего, что позорит и отвергает Христа. И вы также противостоите непослушанию верующих. Бессилие в молитве приводит к тому, что мы, пусть и нехотя, заключаем перемирие со злом. Когда вы принимаете то, что есть, вы отказываетесь от христианского взгляда на Бога и на Его замысел истории искупления.

---

25 David Wells, "Prayer: Rebelling against the Status Quo," *Christianity Today,* November 2, 1979, 33.

Иисус заранее знал, что с Ним произойдет, но Он не принимал каждую ситуацию как неизбежную или непреодолимую. Он проповедовал против греха и боролся с ним. Когда оскверняли дом Его Отца, Он, «сделав бич из веревок, выгнал из храма всех, также и овец и волов; и деньги у меновщиков рассыпал, а столы их опрокинул. И сказал продающим голубей: возьмите это отсюда и дома Отца Моего не делайте домом торговли» (Иоан. 2:15–16; см. Матф. 21:12–13).

Молиться об исполнении Божьей воли на земле — значит восставать против идеи, бытующей даже среди некоторых евангельских христиан, что практически все злые, порочные поступки, совершаемые нами или по отношению к нам, так или иначе составляют святую Божью волю и должны быть приняты из Его рук с благодарностью. Но ничто злое и греховное не исходит от руки Бога, только от руки сатаны. Когда мы молимся о праведности, мы молимся против нечестия.

Здесь я должен добавить предостережение, чтобы вы не зашли слишком далеко с этой идеей восстания против зла в нашем мире.

Хотя мы должны негативно реагировать на зло и молить Бога исполнить Его волю здесь, мы не должны пытаться исполнить Божью волю за Него. Как мы уже отмечали в 5-й главе, наша обязанность и наша цель не в том, чтобы менять культуру, пытаясь установить Царство Божье на земле. Мы также не должны очищать нашу культуру от ее порочных практик, используя гражданское неповиновение для восстания против нее. Такое восстание — это непослушание Богу и Его Слову (Рим. 13:1–5; 1 Пет. 2:13–17). Вместо этого пусть ваше восстание проявляется в молитвах и действиях, которые праведны и разрешены законом.

Молиться, чтобы Божья воля исполнялась, — значит молиться, чтобы воля сатаны разрушалась. Это значит восклицать вместе с Давидом: «Да восстанет Бог, и расточатся враги Его, и да бегут от лица Его ненавидящие Его» (Пс. 67:2). И мы взываем вместе со святыми под Божьим жертвенником: «Доколе, Владыка Святой и Истинный, не судишь и не мстишь живущим на земле за кровь нашу?» (Откр. 6:10).

Я бы хотел, чтобы такое отношение было у каждого верующего. Что случилось с нашим рвением к тому, что правильно? Бог любит героическую веру — Он хочет, чтобы мы смело приступали к Его престолу.

Правда ли Божья воля — это ваша воля?

К сожалению, наша собственная воля часто становится проблемой в поисках Его воли. Поскольку мы живем в культуре, которая славится непринужденностью и комфортом, мы тоже хотим получить кусок этого большого пирога. В результате мы склонны считать, что молитва важна лишь для того, чтобы изменить наши обстоятельства, а не для того, чтобы изменить нас самих и прославить Бога. Поэтому, когда Бог не отвечает на наши молитвы сразу же, как мы того желаем, мы теряем рвение, необходимое для настойчивого ходатайства.

Если вы хотите, чтобы в ваших молитвах было такое рвение, вам нужно понять, что реальная польза от молитвы — это не те изменения, которые Бог может произвести в ваших обстоятельствах, а те, которые Он произведет в вас и в вашем восприятии этих обстоятельств. Когда Он приведет вас в соответствие со Своей благословенной личностью и волей, ваши обстоятельства, какими бы непреодолимыми они ни казались вначале, перестанут быть для вас приоритетными. Это потому, что ваше отношение к ним будет другим.

Когда ваши молитвы основаны на вере в Бога, когда вы верите, что Он услышит и ответит на ваши молитвы, вы молитесь с правильным отношением и оценкой. Самое большое препятствие для молитвы — это не отсутствие навыков, не отсутствие библейских знаний и даже не отсутствие рвения к делу Господа, а отсутствие веры. Мы просто не молимся с ожиданием, что наши молитвы что-то изменят в нашей жизни, в церкви или в мире.

Особенности Его воли

Чтобы помочь вам лучше понять этот важный вопрос, нужно рассмотреть три отдельных аспекта Божьей воли, как Он открывает ее в Своем Слове.

Всеобъемлющая воля Божья

Это относится к Божьей воле в Его замысле — необъятной, всеобъемлющей, допускающей воле, которая выражается в осуществлении Его суверенного плана во всей вселенной, включая небеса, ад и землю. Этот аспект Божьей воли позволяет греху действовать, а сатане на время добиваться своего. Но в назначенное Им время действие греха и путь сатаны закончатся в точном соответствии с Божьим планом и предведением.

Исаия писал о высшей Божьей воле, говоря: «С клятвою говорит Господь Саваоф: как Я помыслил, так и будет; как Я определил, так и состоится… Таково определение, постановленное о всей земле, и вот рука, простертая на все народы, ибо Господь Саваоф определил, и кто может отменить это?» (Ис. 14:24, 26–27). Все, что задумал Бог, обязательно свершится, и никто не может помешать этому плану.

«Притом знаем, что любящим Бога, призванным по Его изволению, все содействует ко благу» (Рим. 8:28). Хотя Бог не желает зла, Он берет то, что происходит в истории и в нашей жизни, и соединяет это во благо. И, конечно, Его величайший план — спасение Его народа: «В Нем мы и сделались наследниками, быв предназначены к тому по определению Совершающего все по изволению воли Своей…» (Еф. 1:11). Великий Божий замысел — это искупленный народ, единая церковь, собрание святых для вечности.

Как нам молиться согласно всеобъемлющей Божьей воле? Радостно присоединяясь к признанию и ожиданию исполнения Его божественных планов. Хотя мы знаем, что однажды Христос заберет Свою церковь из этого мира, чтобы она была с Ним, как и задумал Бог, мы, ожидая этого великого часа, должны молиться, чтобы Бог ускорил его наступление.

Сострадательная воля Бога

Этот аспект Божьей воли означает желание Его сердца, которое находится в рамках Его всеобъемлющей воли и полностью соответствует ей, но при этом оно более конкретное и целенаправленное.

Однако, в отличие от всеобъемлющей Божьей воли, Его желания не всегда исполняются. По сути, наш век свидетельствует о том, что желания сатаны исполняются чаще, чем желания Бога.

Иисус желал спасения Иерусалима, и для этой цели Он молился, проповедовал, исцелял и служил: «Иерусалим!

Иерусалим! <...> Сколько раз хотел Я собрать чад твоих, как птица птенцов своих под крылья, и вы не захотели!» (Лук. 13:34). Но каким был типичный отклик на Иисуса? Немногие поверили Ему, большинство отвергли Его, а некоторые даже распяли.

Слова Иисуса: «Но вы не хотите прийти ко Мне, чтобы иметь жизнь» (Иоан. 5:40), — печальное замечание о том, что люди выбирают неверие и отвергают предложенную Им жизнь с избытком.

Бог, наш Спаситель, «хочет, чтобы все люди спаслись и достигли познания истины» (1 Тим. 2:4). Он не желает, «чтобы кто погиб, но чтобы все пришли к покаянию» (2 Пет. 3:9). К сожалению, в жизни большинства людей это желание не исполняется. Вместо этого они отвергают Христа, и лучшее, что Господь сделает для них, — будет их оплакивать (Иер. 13:17).

Повелевающая Божья воля

Этот аспект Его воли напрямую касается Его детей, потому что только они способны повиноваться. Бог страстно желает, чтобы мы, Его дети, полностью и немедленно повиновались Ему с искренним желанием. Павел писал о нашем послушании:

> Неужели вы не знаете, что, кому вы отдаете себя в рабы для послушания, того вы и рабы, кому повинуетесь, или рабы греха к смерти, или послушания к праведности? Благодарение Богу, что вы, быв прежде рабами греха, от сердца стали послушны тому образу учения, которому предали себя. Освободившись же от греха, вы стали рабами праведности (Рим. 6:16–18).

Поскольку мы Божьи слуги, вполне естественно, что мы подчиняемся Его повелевающей воле. Как сказал Петр: «Должно повиноваться больше Богу, нежели человекам» (Деян. 5:29).

Когда вы молитесь: «Да будет воля Твоя», вы молитесь о трех вещах: о завершении этого мира и использовании последствий греха для исполнения вечного Божьего замысла, о спасении людей, которые не знают Бога, и о послушании каждого верующего Божьим повелениям.

Изучая фразу: «Да приидет Царствие Твое», мы узнали, что Царство приходит на землю в трех смыслах: через обращение неверующих; через стремление верующих жить в праведности, мире и радости в Святом Духе; и во время второго пришествия Христа, когда Он установит Свое земное правление.

Я вижу параллель между этими тремя элементами и тремя аспектами Божьей воли, которые мы только что рассмотрели. Всеобъемлющая Божья воля предполагает окончательное прекращение владычества человека на земле и возвращение Христа для установления вечного Царства. Его сострадательная воля подразумевает обращение неверующих. И Его повелевающая воля требует преданности от Его народа.

Соответствие Его воле

Наша собственная гордыня — главное препятствие, которое надо преодолеть, прежде чем мы сможем молиться, чтобы Божья воля исполнилась в нашей жизни. Гордыня побудила сатану восстать против Бога, и гордыня побуждает неверующих отвергать Бога, а верующих — не слушаться Его. Чтобы искренне и с верой принимать Божью волю имолитьсяоней,нужноотказатьсяотсвоейсобственной волирадиБожьей.АпостолПавелсказал,какэтосделать:

> Итак умоляю вас, братия, милосердием Божиим, представьте тела ваши в жертву живую, святую, благоугодную Богу, для разумного служения вашего, и не сообразуйтесь с веком сим, но преобразуйтесь обновлением ума вашего, чтобы вам познавать, что есть воля Божия, благая, угодная и совершенная (Рим. 12:1–2).

Пока вы не возложите свою жизнь на Божий алтарь как живуюжертву—покавашаволянебудетмертва—Божья воля не будет проявляться в вашей жизни.

Когда мы молимся с верой и согласно Божьей воле, наша молитва—это освящающая благодать, которая кардинально меняетнашужизнь.Такимобразом,молитва—это средство прогрессирующего освящения. Джон Ханна, доцент исторического богословия в Далласской богословской семинарии, сказал: «Предназначение молитвы — не столько ощутимые ответы, сколько углубление жизни в зависимости. <…> Призыв к молитве — это призыв прежде всего к любви, подчинению и послушанию… путь к сладостному, сокровенному и насыщенному общению души с бесконечным Творцом»[26]. Вот что значит быть наедине с Богом. Вы осознаете силу и страстность в молитве, когда полностью полагаетесь на Бога и живете в послушании Его воле.

Автор Филип Келлер во время поездки в Пакистан прочитал текст Иеремии 18:2, где говорится: «Встань и сойди

---

26 John Hannah, "Prayer and the Sovereignty of God," *Bibliotheca Sacra*, October–December 1979, 353.

в дом горшечника, и там Я возвещу тебе слова Мои». И вот он вместе с одним миссионером отправился в дом горшечника в том городе. В своей книге «Взгляд мирянина на молитву Господню» он написал:

> Я искренне и серьезно попросил старого мастера показать мне каждый шаг при создании шедевра. <...> На его полках стояли великолепные кубки, прекрасные вазы и изысканные чаши восхитительной красоты.
>
> Тогда, поманив меня костлявым пальцем, он направился к небольшому темному закрытому сараю в задней части своей мастерской. Когда он открыл шаткую дверь, меня обдало омерзительное, невыносимое зловоние гниения. На мгновение я отступил от края зияющей темной ямы в полу сарая. «Вот где начинается работа!» — сказал он, опускаясь на колени рядом с черной, тошнотворной ямой. Он опустил свою длинную худую руку в темноту. Его тонкие опытные пальцы ощупывали комковатую глину, отыскивая кусок материала, точно подходящий для его задачи.
>
> «Я добавляю в грязь специальные травы, — заметил он. — Когда они гниют и разлагаются, перегной повышает коллоидные качества глины. Тогда она лучше держится». Наконец его умелые руки достали комок темной грязи из ужасной ямы, в которой эту глину часами топтали и месили его костлявые ноги.
>
> Очень ярко первые стихи из Псалма 39 прозвучали в моем сердце. По-новому и неожиданно ярко я увидел, что имел в виду псалмопевец, когда давным-давно написал: «Твердо уповал я на Господа, и Он приклонился ко мне и услышал вопль мой; извлек меня из страшного рва, из тинистого болота...»

111

Как горшечник тщательно выбирал глину, так и Бог с особой тщательностью избрал меня. <…>

Огромная гранитная плита, высеченная из грубой породы высоких гор Гиндукуша позади его дома, тихо закружилась. Она приводилась в действие очень простым устройством с ножным приводом, наподобие наших старинных швейных машинок.

Пока камень набирал обороты, я вспомнил Иеремию 18:3. «И сошел я в дом горшечника, и вот, он работал свою работу на кружале».

Но больше всего на тот момент мне запомнилось, что рядом с табуретом гончара, по обе стороны от него, стояли два таза с водой. Ни разу он не прикоснулся к глине, стремительно вращающейся в центре колеса, сначала не окунув руки в воду. Когда он прикладывал свои нежные пальцы и гладкие ладони к комку грязи, то всегда использовал влагу на своих руках. И было необычайно интересно наблюдать, как быстро, но верно глина откликалась на давление, оказываемое на нее увлажненными руками. Бесшумно, плавно под этими руками начал формироваться изящный кубок. Вода была тем средством, через которое воля и желания мастера передавались глине. Фактически, так его воля исполнялась в этом комке земли.

Для меня это была самое яркое выражение простой, но таинственной истины, что воля и желания моего Отца выражаются и передаются мне через воду Его собственного Слова. <…>

Вдруг, к своему полному изумлению, я увидел, что камень остановился. Почему? Я присмотрелся.

Гончар удалил небольшую крупинку камня из кубка. <…> Затем так же внезапно камень снова остановился. Он убрал еще что-то твердое. <…>

Вдруг он снова остановил камень. Он с сожалением указал на глубокую рваную выемку, словно шрам рассекавшую стенку кубка. Он был безнадежно испорчен! С досадой он раздавил его в руках. <…>

«И сосуд, который горшечник делал из глины, развалился в руке его» (Иер. 18:4). Редко какой урок доходил до меня настолько четко и ясно. Почему этот редкий и прекрасный шедевр развалился в руках мастера? Потому что он встретил сопротивление. Эта истина обрушилась на меня как гром!

Почему воля моего Отца — Его намерение получить по-настоящему прекрасных людей — снова и снова ни к чему не приводит? Почему, несмотря на все Его старания и бесконечное терпение к людям, их жизнь заканчивается катастрофой? Просто потому, что они противятся Его воле.

В скромной обстановке этого простого сарая горшечника я должен был задать себе отрезвляющий, тревожный и жгучий вопрос: стану ли я изделием из тонкого фарфора или простой миской для мытья рук? Станет ли моя жизнь великолепным кубком, вмещающим прекрасное вино Божьей жизни, из которого другие могут пить и освежаться? Или я стану просто грубой миской, в которую прохожие будут макать свои пальцы, а потом уходить и забывать о ней? Это был один из самых волнующих моментов во всем моем духовном опыте.

«Отче, да будет воля Твоя и на земле [в глине], во мне, как на небе»[27].

---

27 Philip Keller, *A Layman Looks at the Lord's Prayer* (Chicago: Moody, 1985), 92–97.

7

«ХЛЕБ НАШ НАСУЩНЫЙ ДАЙ НАМ НА СЕЙ ДЕНЬ»

Каждому ребенку предстоит жить в зависимости с момента его зачатия. В самом начале своей новой жизни он должен получать питание от своей матери в ее утробе. После рождения он зависит от своих родителей в отношении пищи, одежды и крова. Он не может обеспечить себя ни одним из этих ресурсов. В отличие от других земных существ, он даже не может прийти к своей матери; она должна прийти к нему.

Младенец также неспособен позаботиться о своей чистоте. Он зависит от матери и отца, которые его купают, стригут ногти, расчесывают волосы и делают все, чтобы он выглядел прилично. Став более подвижным, ребенок не может определить, что безопасно, а что нет. Без присмотра родителей он может упасть с лестницы, обжечься, съесть что-нибудь ядовитое — любое из этих действий может навсегда искалечить его или даже убить. Никто не станет оспаривать необходимость круглосуточного присмотра за младенцами.

Примерно так же христиане похожи на младенцев, если говорить о полной зависимости от Бога. Как и младенцы, мы в конечном счете зависим от Бога в отношении пищи, одежды и крова. Как младенцы пачкаются на протяжении дня, так и мы живем в мире греха, который загрязняет наше хождение с Христом.

Хотя наш Господь оплатил наказание за наши прошлые, настоящие и будущие грехи, мы все равно грешим каждый день. Мы должны приходить к Богу, исповедуя свои грехи, чтобы Он очистил их и восстановил наше общение с Ним. И как младенцы отчаянно нуждаются в защите своих родителей от всего вредного, так и мы зависим от Бога, чтобы Он защитил нас от обстоятельств жизни, которые могут повредить нашему духовному пути.

Молитва о наших нуждах

Поэтому вторая группа из трех прошений, которые Господь приводит в Своем образце молитвы, не должна нас удивлять. Обратив наше внимание на Небесного Отца, Иисус затем показал нам, как молиться о наших собственных нуждах в этом мире: «…хлеб наш насущный дай нам на сей день; и прости нам долги наши, как и мы прощаем должникам нашим; и не введи нас в искушение, но избавь нас от лукавого» (Матф. 6:11–13). Хотя этот второй раздел молитвы посвящен нуждам человека, Бог не остается в стороне — Он здесь также превозносится. То, что именно Бог дает нам хлеб насущный, прощает наши долги и хранит насотискушений, — этопроявлениеЕгосилыиблагодати. Такимобразом, ОнпрославляетСебя, восполняяэтинужды в нашей жизни.

Из этих трех прошений, как ни удивительно, Господь повелелнаммолитьсявпервуюочередьонашихфизических, а не духовных нуждах. Мартин Ллойд-Джонс передает суть этих трех прошений:

> …ясно, что первым делом нам необходимо продлить свое физическое существование в мире сем. Мы — живые существа, и нам необходимо есть и пить. Речь идет о существовании в прямом смысле, и поэтому нашим первым прошением должно быть прошение о физических нуждах. Наш Господь так и делает. Далее Он просит очистить от осквернения и вины греха и, наконец, сохранить от власти греха. Вот это и есть самый разумный взгляд на человеческую жизнь. Я — живой человек и должен поддерживать свое физическое существование. Но при этом я ощущаю свою негодность, свою вину греха и чувствую потребность избавиться от нее. Затем я начинаю задумываться о будущем и понимать, что мне необходимо позаботиться о своей вечной участи. <…> Сделаем вывод: молитва Господня, и особенно эти три прошения, является самым убедительным текстом Писания, показывающим нашу полную зависимость от Бога. Единственное, что имеет для нас важное значение, — это то, что мы знаем Бога как своего Отца. Если бы мы так относились к Нему всегда, все наши проблемы давно были бы решены, мы поняли бы свою полную зависимость от Него и приходили бы ежедневно к Нему, как дети к своему отцу[28].

28 Ллойд-Джонс. Нагорная проповедь. Т. 2. С. 81–82.

Я надеюсь, что, рассматривая эти три прошения, вы получите наставление и мотивацию ежедневно обращаться к Нему и просить, чтобы Он восполнил ваши нужды.

Хлеб и наши физические потребности

Молиться, чтобы Бог дал хлеб насущный, может показаться несущественным для многих верующих в нашей стране, которым не приходится думать, откуда им взять следующий обед.

Почему они должны просить у Бога то, что у них уже есть, и в большом изобилии? То, что для христиан во многих африканских или азиатских странах было бы вполне понятной просьбой, для сытого американца кажется несущественным. Какое же применение эта просьба имеет для верующих, живущих в изобилии? Пять ключевых элементов этого прошения помогут найти ответ.

Жизненная необходимость

Греческое слово, переведенное как «хлеб», не только обозначает пищу, но и символизирует все наши физические потребности. Богослов Джон Стотт заметил, что для Мартина Лютера «хлеб» — это символ «всего необходимого для поддержания земной жизни, то есть пищи, здорового тела, хорошей погоды, дома, жены, детей, хорошего правительства и мира»[29]. Однако обратите внимание, что наш Господь говорит о предметах первой необходимости, а не о роскоши; если Бог решит благословить кого-то из нас роскошью, то это будет исключительно по Его благой милости.

---

29 Stott, *Christian Counter-Culture*, 149.

Меня потрясает осознание того, что Бог, создавший всю вселенную, Бог пространства, времени и вечности, бесконечно святой и полностью самодостаточный, будет заботиться об удовлетворении моих физических потребностей. Как земной любящий отец желает удовлетворить потребности своих детей, так и Бог заботится о том, чтобы у нас было достаточно еды, одежды и жилья.

Однако это прошение — не просто просьба удовлетворить физические потребности. Прежде всего, оно признает и подтверждает, что все блага, которые мы имеем, приходят из милостивой руки Божьей (Иак. 1:17). Поэтому оно одинаково подходит как для тех, у кого изобилие, так и для тех, кто испытывает недостаток. Хотя мы не всегда находимся на грани голода, мы всегда можем быть благодарны за все, что Бог дает нам, и не быть самонадеянными.

Источник нашего обеспечения

Когда все наши потребности удовлетворены и в нашей жизни все хорошо, мы склонны ставить себе в заслугу то, что у нас есть, и считать, что мы сами несем свою ношу. Мы усердно трудимся, чтобы заработать деньги, необходимые нам, чтобы купить еду и одежду, платить за аренду или ипотеку. Но даже самый трудолюбивый человек обязан всем, что он зарабатывает, Божьему обеспечению. Моисей напомнил Израилю, что Бог «дает тебе силу приобретать богатство» (Втор. 8:18).

Наша жизнь, дыхание, здоровье, имущество, таланты и возможности — все это исходит от ресурсов, которые Бог создал и сделал доступными для человека. Все, что у нас есть, — от Бога: именно Он проливает дождь, чтобы все росло, вызывает смену времен года, производит минералы, чтобы почва была плодородной, обеспечивает природные ресурсы, которые мы используем для передвижения, а также животных и растения, из которых мы делаем одежду и пищу. Хлеб наш насущный — все необходимое для физической жизни — от Бога.

В Едемском саду Бог позаботился об Адаме и Еве еще до того, как создал их. Создав и благословив их, Он сказал: «Вот, Я дал вам всякую траву, сеющую семя, какая есть на всей земле, и всякое дерево, у которого плод древесный, сеющий семя; — вам сие будет в пищу…» (Быт. 1:29). С тех пор Он продолжает снабжать человечество пищей в изобилии и практически в неограниченном разнообразии.

Однако апостол Павел сказал нам: «Дух же ясно говорит, что в последние времена отступят некоторые от веры… [запрещая] употреблять в пищу то, что Бог сотворил, дабы верные и познавшие истину вкушали с благодарением. Ибо всякое творение Божие хорошо, и ничто не предосудительно, если принимается с благодарением, потому что освящается словом Божиим и молитвою» (1 Тим. 4:1, 3–5). Слово Божье освящает (отделяет для Бога) всю пищу, и мы освящаем ее, когда принимаем с благодарной молитвой.

Есть ли у вас такое отношение? Действительно ли вы благодарите Бога за пищу, когда склоняете голову и произносите молитву перед едой? К сожалению, для многих из нас молитва, которую мы возносим Богу перед едой, обычно бывает быстрой и безучастной — мы просто стараемся исполнить свой долг. Такое отношение свидетельствует о грехе безразличия и неблагодарности за Божьи дары. Томас Ватсон, великий пуританин, всем сердцем преданный Богу, писал:

> Если все, что мы имеем, является даянием, то посмотрите на отвратительную неблагодарность людей, которые грешат против своего Даятеля! Бог кормит их, а они сражаются с Ним; Бог дает им хлеб, а они оскорбляют Его. Как же это недостойно! Разве не должны мы стыдить того, кто предал и нанес ущерб другу, который всегда помогал ему деньгами? Так неблагодарно ведут себя грешники по отношению к Богу, не только забывая о Его милостях, но и злоупотребляя ими. «Я насыщал их, а они прелюбодействовали…» (Иер. 5:7). О, как ужасно грешить против щедрого Бога: бить руку, которая помогает нам![30]

Никогда не злоупотреблять Божьей благодатью, но благодарить Его за ежедневную доброту в удовлетворении ваших физических потребностей — вот что соответствует духу прошения: «Хлеб наш насущный дай нам на сей день». Понимание того, что только Бог дает эти блага, воздает Ему славу.

Сердце этого прошения

Сердце этого прошения выражено словом «дай», потому что оно признает нужду просящего. Даже если Бог уже обеспечил нас всем необходимым, мы просим Его об этом в знак признания Его заботы в прошлом и настоящем, а также в надежде на помощь в будущем.

Наставления Иисуса и наши прошения в этой образцовой молитве правомерны только потому, что Бог обещал заботиться о Своем народе. Мы не можем ожидать, что Бог даст то, чего не обещал, — это было бы самонадеянно. Но мы

---

30 Ватсон Т. Отче наш… Б. м.: DRTS, 2009. С. 323.

можем молиться с уверенностью, потому что Бог обещал обильно обеспечивать нас.

В Псалме 36 Давид советует нам доверять Божьему обещанию позаботиться о наших нуждах.

> Уповай на Господа и делай добро; живи на земле и храни истину. Утешайся Господом, и Он исполнит желания сердца твоего. <…> Еще немного, и не станет нечестивого… А кроткие наследуют землю и насладятся множеством мира. <…> Я был молод и состарился, и не видал праведника оставленным и потомков его просящими хлеба… (Пс. 36:3–4, 10–11, 25)

Один из отрывков, где говорится как о духовных, так и о физических аспектах нашей жизни, — это 2 Коринфянам 9. В контексте этого отрывка речь идет о щедрости верующих в отношении нужд святых: мы должны давать «не с огорчением и не с принуждением; ибо доброхотно дающего любит Бог» (ст. 7). Когда мы проявляем свое желание заботиться о нуждах других (ст. 6), Бог, «дающий… семя сеющему и хлеб в пищу подаст обилие посеянному вами и умножит плоды правды вашей…» (ст. 10). Когда вы вкладываетесь в Божье Царство, Он даст вам не только духовные плоды, но и хлеб в пищу.

Неправедным не обращаться

Божье физическое обеспечение — это библейское обещание, но только тем, кто принадлежит Ему, то есть «нам» из Матфея 6:11. Обратите внимание, что в Псалме 36 Давид обращается именно к верующим: «уповай на Господа» (ст. 3), «утешайся Господом» (ст. 4), «предай Господу путь твой» (ст. 5), «покорись Господу и надейся на Него» (ст. 7). Для праведных — обетование, для неправедных — суд: «Господь знает дни непорочных, и достояние их пребудет вовек: не будут они постыжены во время лютое и во дни голода будут сыты; а нечестивые погибнут, и враги Господни, как тук агнцев, исчезнут, в дыме исчезнут» (Пс. 36:18–20).

Иисус сказал: «Истинно говорю вам: нет никого, кто оставил бы дом, или родителей, или братьев, или сестер, или жену, или детей для Царствия Божия, и не получил бы гораздо более в сие время, и в век будущий жизни вечной» (Лук. 18:29–30). Бог безоговорочно берет на Себя обязательство удовлетворять насущные нужды Своих детей.

Низкая оценка жизни

Главная причина голода и сопутствующих ему болезней в мире — это не плохая сельскохозяйственная практика или неэффективная экономическая и политическая политика. Корень проблемы также не в недостатке научно-технических ресурсов и даже не в перенаселении. Эти проблемы лишь усугубляют основную проблему — духовную.

В тех частях земного шара, где нет христианских корней или наследия, человеческая жизнь неизменно ценится очень низко. Например, огромную нищету и голод в Индии можно объяснить влиянием индуизма — языческой религии, породившей множество других религий, включая синтоизм и буддизм. Эти и подобные им религиозные системы духовно порабощают значительную часть восточного мира, и их влияние постепенно распространяется на Запад.

Поскольку индуисты верят в реинкарнацию, все животные считаются воплощением людей или божеств.

Коровы считаются особенно священными, поскольку это якобы воплощенные божества, которых в индуизме насчитывается 330 миллионов. Эти коровы усугубляют нехватку продовольствия, поскольку потребляют 20 % всего продовольствия Индии. Даже крыс и мышей, которые съедают 15 % пищи, не убивают, потому что они могут оказаться чьими-то перевоплотившимися родственниками.

Так же как язычество — великая беда Индии, Африки и многих других частей света, христианство стало благословением Запада. Европа и Соединенные Штаты, хотя никогда не были полностью христианскими в библейском смысле, получили неизмеримое благословение благодаря христианскому влиянию на политическую, социальную и экономическую философию и политику. Однако деградация взгляда на человеческую жизнь, о чем свидетельствует растущее юридическое и социальное одобрение абортов, детоубийства и эвтаназии, и что теперь так широко проявляется в низком отношении к семье, сильно ослабила это влияние.

Высокое представление о Боге

Без правильного представления о Боге не может быть правильного представления о человеке. Те, кто имеет правильное представление о Боге, также имеют правильные отношения с Ним через Иисуса Христа, Который обещал нам заботу Небесного Отца. Он сказал:

>> Посему говорю вам: не заботьтесь для души вашей, что вам есть и что пить, ни для тела вашего, во что одеться. Душа не больше ли пищи, и тело одежды? <…> …Потому что всего этого ищут язычники, и потому что Отец ваш Небесный знает, что вы

имеете нужду во всем этом. Ищите же прежде Царства Божия
и правды Его, и это все приложится вам (Матф. 6:25, 32–33).

Когда высосредоточены на духовных вопросах, Бог позаботится о ваших физических потребностях.

Иногда Бог обеспечивает Своих детей посредством чудес, но Его основной способ обеспечения — это труд (2 Фес. 3:10–12). И Он дал нам энергию, ресурсы и возможности для этого. О тех, кто по каким-либо уважительным причинам не может трудиться, Он заботится через тех, кто может. Будь то прямо или косвенно, Бог всегда источник нашего физического благополучия. Он делает так, чтобы земля производила необходимое нам, и дает нам возможность получать это.

Один день за один раз

Именно «на сей день» мы просим Бога обеспечить наши нужды. Мы должны полагаться на Господа день за днем. Принимать то, что Господь дает нам сегодня, не беспокоясь о наших нуждах и благополучии завтра, — значит свидетельствовать, что мы довольны Его благостью и верностью.

Молитва сосредоточена на Боге как на Том, Кто обеспечивает нас всем необходимым. Она признает, что Он — источник удовлетворения всех наших физических потребностей, и учит нас жить один день за другим в уверенности, что Он эти потребности восполнит.

8

«ПРОСТИ НАМ
ДОЛГИ НАШИ»

На большом надгробии на кладбище в окрестностях Нью-Йорка есть необычная эпитафия. На надгробии не указано имя погребенного. Не указано, когда человек родился или когда умер. Также не говорится, что этот человек — любимая мать, отец, муж, жена, брат, сестра, сын или дочь. На надгробии выбито всего одно слово: «Прощенный». Очевидно, что самым важным фактом в жизни этого человека был мир, который он познал благодаря Божьему прощению.

Генри Уорд Бичер, популярный американский проповедник XIX века, сказал:

> Если я отпилю ветку одного из деревьев, растущих в моем саду, то все лето на месте среза будет виден уродливый шрам, но к следующей осени он будет полностью скрыт порослью, а еще через 4–5 лет на месте среза останется лишь небольшой шрам, а через 10–20 лет вы и не заподозрите, что произошла

ампутация. Деревья умеют перерастать свои раны и скрывать их, а любовь не ждет так долго, как деревья[31].

Апостол Петр сказал, что «любовь покрывает множество грехов» (1 Пет. 4:8), и один из самых важных способов для этого — прощение. Самое нужное, благословенное и вместе с тем самое дорогостоящее, что когда-либо делал Бог, — это даровал человеку прощение греха. Это самое нужное, потому что спасает нас от ада и дарит радость в этой жизни. Это самое благословенное, потому что оно вводит нас в вечное общение с Богом. И это самое дорогостоящее, потому что Сын Божий отдал Свою жизнь, чтобы мы могли жить.

Джон Стотт в книге «Исповедуй свои грехи» цитирует руководителя крупной британской психиатрической лечебницы: «Я мог бы завтра выписать половину своих пациентов, если бы они были уверены, что их простили»[32]. Избавление от чувства вины через реальное прощение — глубочайшая духовная потребность человека. Без этого он не может вступить в отношения с Богом, которые порождают мир и надежду. Он свят, и о Нем сказано:

> Чистым очам Твоим не свойственно глядеть на злодеяния, и смотреть на притеснение Ты не можешь… (Авв. 1:13).

«Свят, Свят, Свят Господь Саваоф!» — сказал Исаия (Ис. 6:3). Святой Бог никак не может поддерживать отношения с нечестивыми, если нет прощения греха.

---

31 Henry Ward Beecher, цит. по: *Encyclopedia of 2585 Illustrations* (Grand Rapids, MI: Zondervan, n. d.), 260.
32 John Stott, *Confess Your Sins* (Waco, TX: Word, 1974), 73.

Вот почему наш Господь выбрал это следующей темой в Своем образце молитвы: «...и прости нам долги наши, как и мы прощаем должникам нашим...» (Матф. 6:12). Стихи 14–15 подобны сноске: «Ибо если вы будете прощать людям согрешения их, то простит и вам Отец ваш Небесный, а если не будете прощать людям согрешения их, то и Отец ваш не простит вам согрешений ваших».

Грех — это проблема

Прощение греха — величайшая потребность человеческого сердца, потому что грех имеет двойное действие: он обрекает человека на вечное проклятие и в то же время лишает его полноты жизни, обременяя совесть неослабевающим чувством вины. В конце концов грех отделяет человека от Бога, так что он, несомненно, главный враг и величайшая проблема человека.

Апостол Павел ярко передал последствия греха, процитировав несколько отрывков из Ветхого Завета в своем послании к христианам Рима: «Нет праведного ни одного; нет разумевающего; никто не ищет Бога; все совратились с пути, до одного негодны; нет делающего добро, нет ни одного» (Рим. 3:10–12; см. Пс. 13:1–3; 52:2–4). Затем он сделал вывод: «...все согрешили и лишены славы Божией...» (Рим. 3:23).

Действие греха

Грех — это монарх, правящий сердцем каждого человека. Он первый завладел душой, и его вирус заразил все живое. Грех — это разрушительная сила в людях, из-за которой человек подвержен болезням, смерти и аду. Именно он виновен в каждом распавшемся браке, разбитой семье, разрушенной дружбе, ссорах, боли, печали и смерти. Неудивительно, что Писание сравнивает его с ядом змеи и смрадом смерти (Рим. 3:13).

Грех — это нравственная и духовная болезнь, от которой у человека нет лекарства. «Может ли Ефиоплянин переменить кожу свою и барс — пятна свои? Так и вы можете ли делать доброе, привыкнув делать злое?» (Иер. 13:23).

- Грех господствует над разумом. Римлянам 1:21 говорит, что развращенный разум людей предан злу и похоти.
- Грех господствует над волей. Согласно Иеремии 44:15–17, люди желают делать зло, потому что их волю контролирует грех.
- Грех господствует над эмоциями и привязанностями. Плотские люди не хотят исцеления своих грехов, потому что они любят тьму, а не свет (Иоан. 3:19).
- Грех подчиняет людей сатане. Ефесянам 2:2 учит, что люди живут «по воле князя, господствующего в воздухе, духа, действующего ныне в сынах противления».
- Грех навлекает на людей Божий гнев. Согласно Ефесянам 2:3, неспасенные люди стали «чадами гнева».
- Грех обрекает людей на страдания. Иов сказал: «...человек рождается на страдание, как искры, чтобы устремляться вверх» (Иов. 5:7). «Нечестивым же нет мира, говорит Господь» (Ис. 48:22).

Формы греха

Пять греческих слов обычно используются авторами Нового Завета для обозначения того или иного аспекта греха. Hamartia — самое распространенное слово, передающее основную идею промаха мимо цели. Грех промахивается мимо Божьего стандарта праведности. Paraptōma, что часто переводится как «проступок», — это грех как поскальзывание или падение, происходящий скорее от неосторожности, чем от намеренной непокорности. Parabasis означает переступить черту, выйти за пределы, предписанные Богом. Его часто переводят как «преступление». Это грех более осознанный и намеренный. Anomia означает «беззаконие» и это еще более намеренный и вопиющий грех. Это слово описывает прямое и открытое восстание против Бога и Его воли.

В Матфея 6:12 используется слово opheilēma. Его глагольная форма чаще всего означает нравственный или духовный долг. Грех — это нравственный или духовный долг перед Богом, который необходимо оплатить. Рассказывая об этой молитве, Лука использует hamartia («грехи»; Лук. 11:4), ясно указывая, что здесь говорится о грехе, а не о финансовом долге. Вероятно, Матфей использовал opheilēma, потому что оно соответствовало общепринятому арамейскому слову для обозначения греха, которое в то время использовали евреи, и оно также обозначало нравственный или духовный долг перед Богом.

Поверившие во Христа получили Божье прощение греха и спасены от вечного ада. Поскольку «молитва учеников» — это образец для верующих, то долги, о которых в ней говорится, — это долги, возникающие у христиан, когда они грешат. Неизмеримо важнее, чем наша потребность в хлебе насущном, — наша потребность в постоянном прощении грехов. Артур Пинк писал:

>> Будучи противоположностью Божьей святости, грех является скверной, бесчестием и позором для нас; нарушая Его Закон,

131

он является преступлением; а в отношении вины, которая ложится на нас в результате его совершения, он является долгом. Как творение мы имеем долг повиновения нашему Творцу и Правителю, и будучи неспособными проявить его по причине нашего ужасного противления, мы подвергаем себя наказанию, и именно в связи с последним мы умоляем о Божьем прощении[33].

В результате нашего непрестанного греха мы оказались в огромном долгу перед Богом, который мы даже не можем начать выплачивать, подобно долгу неверного раба (Матф. 18:21–35). Каждый, кто хочет прийти к Богу, должен осознать тяжесть своего греха и величину своего долга.

Прощение — это решение проблемы

Поскольку самая серьезная проблема человека — это грех, он больше всего нуждается в прощении, и именно это дает ему Бог. Хотя через спасение во Христе нам было прощено окончательное наказание за грех, нам нужно регулярно получать Божье прощение за те грехи, которые мы продолжаем совершать. Важность этого различия станет яснее, когда мы рассмотрим два вида прощения, которые можно обозначить как судебное и родительское.

Судебное прощение

Верующие получают Божье судебное прощение в тот момент, когда доверились Христу как своему Спасителю от греха. Это всеобъемлющее прощение заключается в реальности

---

33   Пинк. Нагорная проповедь. С. 215–216.

оправдания, благодаря которому Бог объявляет нас праведными в Своем Сыне. В результате мы больше не находимся под судом, не осуждены на смерть и не обречены на ад. Павел сказал: «Итак нет ныне никакого осуждения тем, которые во Христе Иисусе…» (Рим. 8:1). Вечный Судья объявил нас помилованными, оправданными и праведными. Никто: ни человек, ни сатана — не может осудить нас или выдвинуть против нас какое-либо окончательное обвинение (ст. 33–34).

Масштабы этого прощения поражают воображение. Бог сказал: «…грехов их уже не воспомяну более» (Иер. 31:34). Давид написал: «…как далеко восток от запада, так удалил Он от нас беззакония наши…» (Пс. 102:12). И Исаия объяснил причину: «…Господь возложил на Него [Христа] грехи всех нас» (Ис. 53:6; см. 1 Пет. 2:24). Бог не мог оставить без внимания наш грех, если бы не возложил наказание за него на кого-то другого, и именно поэтому Христос умер. Бог простил нам грехи (по сути, устранил их) на основании той однократной жертвы Христа на кресте. Именно там Он понес наше наказание, взял на себя нашу вину и заплатил за наш грех. В тот момент, когда вы полагаетесь верой на Христа, ваш грех возлагается на Него, а Его праведность — на вас, и Бог в судебном порядке объявляет вас оправданными (Рим. 3:24–26; 2 Кор. 5:21). Благодаря этому акту судебного прощения все наши грехи — прошлые, настоящие и будущие — полностью прощены[34].

Родительское прощение

К сожалению, мы по-прежнему подвержены греховному поведению, потому что еще не стали совершенными.

---

34 Глубокое рассмотрение этой важнейшей темы вы найдете в моей книге «Вера действует» (*Faith Works* [Dallas: Word, 1993], 87–104).

В Филиппийцам 3 Павел показал это различие, когда написал, что через веру во Христа он получил праведность Божью независимо от закона; однако он добавил, что еще не достиг совершенного стандарта святости на практике (ст. 7–14). Поэтому мы постоянно нуждаемся в прощении — таком, которое милостиво дарует наш Небесный Отец. Апостол Иоанн предупреждал: «Если говорим, что не имеем греха, — обманываем самих себя, и истины нет в нас. Если исповедуем грехи наши, то Он, будучи верен и праведен, простит нам грехи наши и очистит нас от всякой неправды» (1 Иоан. 1:8–9).

Итак, грех, хотя он и прощен судебно, все еще остается реальностью в жизни христианина. Снижение частоты греха и повышение чувствительности к нему должны характеризовать жизнь каждого христианина. И хотя наши грехи сегодня и в будущем не меняют нашего положения перед Богом, они влияют на близость и радость наших отношений с Ним.

Например, если один из ваших детей согрешил, проявив непослушание, это не изменит ваших отношений — вы все равно останетесь его отцом или матерью, готовыми сразу же простить. Но пока он не придет к вам, чтобы признаться в своем непослушании, прежняя близость не будет восстановлена.

Во время Тайной вечери Иисус начал мыть ноги ученикам, проявляя смиренный дух служения, который должен отличать любого из Его слуг. Сначала Петр отказывался, но когда Иисус сказал: «Если не умою тебя, не имеешь части со Мною», Петр впал в другую крайность и захотел вымыться полностью. Иисус ответил: «Омытому нужно только ноги умыть, потому что чист весь; и вы чисты…» (Иоан. 13:5–10).

Омовение ног Иисусом было не только примером смирения, но и иллюстрацией прощения, которое Бог дарует, снова и снова очищая тех, кто уже спасен. Грязь на ногах символизирует ежедневное поверхностное загрязнение грехом, которое мы испытываем, идя по жизни. Грех не делает и не может сделать нас полностью грязными, потому что мы были очищены навсегда. Судебное очищение, происходящее при возрождении, не нуждается в повторении, но практическое очищение необходимо каждый день, потому что мы ежедневно не дотягиваем до совершенной Божьей святости.

Как Судья, Бог готов простить грешников, а как Отец Он еще больше готов продолжать прощать Своих детей. За сотни лет до Христа Неемия написал: «Ты Бог, любящий прощать, благой и милосердый, долготерпеливый и многомилостивый…» (Неем. 9:17). Как бы обширен и повсеместен ни был грех человека, масштабы Божьего прощения гораздо больше. Где изобилует грех, там еще больше изобилует Божья благодать.

Где-то в своих молитвах, после того как мы попросили, чтобы Его имя святилось, Его Царство пришло и Его воля исполнялась, и после того как мы признали, что Бог — источник нашего физического ежедневного существования, нам нужно признать, что у нас грязные ноги. Пока в нашей жизни есть неисповеданные грехи, мы будем терять полноту радости и близости в общении с Богом. Таким образом, прошение: «Прости нам долги наши», — это просто наша мольба к Богу очищать нас каждое мгновение, когда мы исповедуем Ему свои грехи.

Дональд Грей Барнхаус в беседе с профессором колледжа рассказал эту историю, которая иллюстрирует масштаб любящего прощения:

>> Один человек прожил жизнь, полную тяжких грехов, но потом обратился в христианство и в конце концов женился на прекрасной христианке. Он в нескольких словах поведал ей о своей прошлой жизни. Когда он рассказывал ей об этом, жена взяла его голову в свои руки, притянула его к своему плечу и поцеловала, сказав: «Джон, я хочу, чтобы ты понял кое-что очень ясно. Я хорошо знаю Библию, а потому мне известны все тонкости греха и греховные уловки, действующие в человеческом сердце. Я знаю, что ты по-настоящему обращенный человек, Джон, но я знаю, что у тебя все еще есть ветхая природа, и что ты наставлен в путях Божьих еще не так полно, как скоро будешь наставлен. Дьявол сделает все возможное, чтобы разрушить твою христианскую жизнь, и позаботится о том, чтобы на твоем пути были всевозможные искушения. Может наступить день — и дай Бог, чтобы он никогда не наступил, — когда ты поддашься искушению и впадешь в грех. Дьявол тут же скажет тебе, что даже пытаться перестать бесполезно, что ты можешь и дальше идти по пути греха и что, прежде всего, нельзя говорить мне об этом, потому что это причинит мне боль. Но, Джон, я хочу, чтобы ты знал: здесь, в моих объятиях, твой дом. Когда я вышла за тебя замуж, я вышла и за твою старую природу, и за твою новую природу, и я хочу, чтобы ты знал, что все зло, которое может когда-либо произойти в твоей жизни, уже заранее прощено в полной мере».

Доктор Барнхаус сказал, что, когда он закончил рассказ, профессор колледжа благоговейно поднял глаза и сказал: «Боже мой! Если что-то и поможет мужчине оставаться честным, то это [такая всепрощающая любовь]!»[35]

---

35 Donald Grey Barnhouse, *God's Methods for Holy Living* (Grand Rapids, MI:

Исповедание полезно для души

Просьба о прощении предполагает исповедание. Как об ъяснил апостол Иоанн: «Если исповедуем грехи наши, то Он, будучи верен и праведен, простит нам грехи наши и очистит нас от всякой неправды» (1 Иоан. 1:9). «Исповедовать» имеет базовое значение «соглашаться», и когда мы исповедуем свои грехи, мы соглашаемся с Богом, что они нечестивы, злы и порочны и неуместны для тех, кто принадлежит Ему.

Исповедовать грехи трудно. Особенно трудно добиться от ребенка признания, что он сделал что-то не так. Когда я был маленьким, мы с еще одним мальчиком испортили школьное имущество в одном городке штата Индиана, где мой отец проводил собрание пробуждения. Пытаясь выяснить, кто в этом виноват, некоторые люди ходили из дома в дом в поисках сведений о провинившихся. Когда они пришли к дому, где остановилась моя семья, дверь открыли мой отец и хозяин дома (отец другого мальчика). Один из людей спросил их, знаем ли мы с другим мальчиком что-нибудь об этом случае. Я держал отца за руку и изобразил самое ангельское лицо, делая все возможное, чтобы показать, что я такой же духовный, как и мой отец-благовестник. И мой отец, и другой отец заверили тех, кто спрашивал, что мы были прекрасными мальчиками и не стали бы участвовать ни в чем подобном. Прошло 10 лет, прежде чем я набрался смелости и рассказал отцу о том, что произошло на самом деле.

И сатана, и наша горделивая природа борются против любого признания своей неправоты. Но исповедание — единственный путь к свободной и радостной жизни. В Притчах

Eerdmans, 1951), 72–74.

28:13 говорится: «Скрывающий свои преступления не будет иметь успеха; а кто сознается и оставляет их, тот будет помилован». Джон Стотт говорит: «Одно из самых надежных противоядий от этого процесса нравственного очерствения — систематически выявлять свои грехи в мыслях и воззрениях, а также в словах и делах, и с покаянием оставлять их»[36].

Если вы не будете исповедовать свои грехи, то ожесточитесь. Я видел христиан, получивших судебное прощение и вечную безопасность, но ожесточенных, нераскаянных и нечувствительных к греху. Как следствие, они также лишены радости, потому что не имеют полного любви, близкого общения с Богом. Они заблокировали радость и общение баррикадой своего неисповеданного греха.

Истинный христианин не воспринимает Божье обещание прощать как позволение грешить, как способ злоупотреблять Его любовью и милостью. Напротив, он считает Божье милостивое прощение средством для духовного роста и освящения. Он постоянно благодарит Бога за Его великую любовь и готовность прощать.

Исповедание греха также очень важно, потому что оно приносит Богу славу, когда Он наказывает непослушного христианина. Такой положительный ответ на Его наказание устраняет любую потенциальную жалобу на несправедливость, потому что грешник признает, что заслужил то, что дает Бог.

Прощение других — высшая проверка

Иисус говорит, что обязательное условие прощения — прощать других: «...как и мы прощаем должникам нашим»

---

36 Stott, *Confess Your Sins*, 19.

(Матф. 6:12). Принцип простой, но отрезвляющий: если мы простили, мы будем прощены; если мы не простили, мы не будем прощены.

Причины для прощения других

Мы должны прощать друг друга по нескольким причинам.

Характерная черта святых

Как граждане Божьего Царства, мы блаженны и получаем милость, потому что сами милостивы (Матф. 5:7). Мы должны любить даже своих врагов, потому что в нас живет природа нашего Небесного Отца. Как раз перед тем, как дать этот образец молитвы, Иисус наставлял Своих слушателей: «Вы слышали, что сказано: люби ближнего твоего и ненавидь врага твоего. А Я говорю вам: любите врагов ваших, благословляйте проклинающих вас, благотворите ненавидящим вас и молитесь за обижающих вас и гонящих вас, да будете сынами Отца вашего Небесного…» (Матф. 5:43–45). Благословлять гонящих вас равносильно прощению. Любя своих врагов, вы показываете, что вы — дитя Божье.

Прощение — признак поистине возрожденного сердца. Когда христианин не прощает другого человека, он ставит себя выше Бога и даже ставит под сомнение реальность своей веры.

Пример Христа

Апостол Павел наставляет: «…будьте друг ко другу добры, сострадательны, прощайте друг друга, как и Бог во Христе простил вас» (Еф. 4:32). Иоанн пишет: «Кто говорит, что пребывает в Нем, тот должен поступать так, как Он поступал» (1 Иоан. 2:6). Сам Иисус — пример для нас в прощении. О тех, кто вбивал гвоздив Его руки, плевал Ему в лицо, насмехался над Ними возлагал на Его голову утерновый венец, Иисус сказал: «Отче! Прости им» (Лук. 23:34). Он наш пример для подражания. Тяжесть любого преступления против нас не может сравниться с тем, что претерпел Христос. В Послании к евреям сказано: «Вы еще не до крови сражались, подвизаясь против греха…» (12:4).

Выражает высшую добродетель человека

Прощая, люди демонстрируют величие своего сотворения по образу и подобию Божьему. В Притчах 19:11 говорится: «Благоразумие делает человека медленным на гнев, и слава для него — быть снисходительным к проступкам».

Освобождает совесть от чувства вины

Непрощение не только препятствует Божьему прощению, но и мешает душевному спокойствию, счастью, удовлетворению и даже правильному функционированию тела. Согласно 2 Коринфянам 2:10–11, когда у нас непрощающее сердце, мы даем сатане преимущество над нами.

Польза для общины верующих

Наверное, мало что так подрывает силу церкви, как неразрешенные конфликты между ее членами. Псалмопевец предостерегает: «Если бы я видел беззаконие в сердце моем, то не услышал бы меня Господь» (Пс. 65:18). Святой Дух не может свободно действовать среди тех, кто хранит злобу и таит обиду (Матф. 5:23–24).

Избавляет от Божьего наказания

Где есть дух непрощения, там есть грех; а где есть грех, там будет наказание. В Евреям 12:6 говорится: «Ибо Господь, кого любит, того наказывает; бьет же всякого сына, которого принимает». Нераскаянный грех в церкви Коринфа привел к тому, что многие верующие слабели, болели и даже умирали (1 Кор. 11:30).

Приводит к Божьему прощению

Возможность Божьего прощения — это, пожалуй, самая важная причина, почему мы должны прощать других. Эта причина настолько важна, что Иисус подчеркнул ее после Своего образца молитвы (Матф. 6:14–15). В христианской жизни нет ничего важнее прощения, когда мы прощаем других и когда Бог прощает нас. Поскольку Бог поступает с нами также, как мы поступаем с другими, мы должны прощать других также свободно и милостиво, как Бог прощает нас.

Свидетельство прощающего духа

Как своего рода постскриптум к «молитве учеников», Матфея 6:14–15 — это собственный комментарий нашего Спасителя к прошению из 12-го стиха — единственному прошению, которое Он дополнительно поясняет. Очевидно, что истины здесь очень важны: «Ибо если вы будете прощать людям согрешения их, то простит и вам Отец ваш Небесный, а если не будете прощать людям согрешения их, то и Отец ваш не простит вам согрешений ваших».

Первая часть этого принципа утвердительная: «…если вы будете прощать людям согрешения их…» Верующие должны прощать как получившие от Бога судебное прощение. Когда ваше сердце наполняется таким прощающим духом, «то простит и вам Отец ваш Небесный». Верующие, если не прощают других сердцем и словом, не могут познать Божье родительское прощение, благодаря которому общение с Господом остается насыщенным, а Его благословения — обильными.

Глагол, переведенный как «прощать» (aphiēmi), буквально означает «отбрасывать». Павел имел это в виду, когда писал: «Но для того я и помилован, чтобы Иисус Христос во мне первом [из грешников] показал все долготерпение…» (1 Тим. 1:16; см. Матф. 7:11). Непрощающий дух не только неуместен для того, кто полностью прощен Богом, но и влечет за собой Божье наказание, а не Его милость.

Наш Господь наглядно изобразил немилосердный ответ в притче о человеке, которому простили огромный долг (Матф. 18:21–35). «Посему Царство Небесное подобно царю, который захотел сосчитаться с рабами своими; когда начал он считаться, приведен был к нему некто, который должен был ему десять тысяч талантов…» (ст. 23–24). Один талант равнялся 6000 динариев, а рабочие зарабатывали по одному динарию за каждый рабочий день. Этот раб должен был работать 6 дней в неделю в течение 1000 недель (чуть больше 19 лет), чтобы заработать всего один талант.

Можно представить, что было дальше: «…а как он не имел, чем заплатить, то государь его приказал продать его, и жену его, и детей, и все, что он имел, и заплатить; тогда раб тот пал, и, кланяясь ему, говорил: государь! Потерпи на мне, и все тебе заплачу» (ст. 25–26). Его долг был огромен, и выплатить его было бы невозможно. И все же: «Государь, умилосердившись над рабом тем, отпустил его и долг простил ему» (ст. 27). В символизме притчи человек получает прощение своего неоплатного долга, символизирующего грех, и обретает милость царя, символизирующую спасение. Однако человек злоупотребляет этим чудесным даром:

> Раб же тот, выйдя, нашел одного из товарищей своих, который должен был ему сто динариев, и, схватив его, душил, говоря: отдай мне, что должен. Тогда товарищ его пал к ногам его, умолял его и говорил: потерпи на мне, и все отдам тебе. Но тот не захотел, а пошел и посадил его в темницу, пока не отдаст долга (ст. 28–30).

Этот долг, хотя и составлял значительную сумму (три месячных заработка), можно было вернуть, но это была ничтожная сумма по сравнению с тем, что должен был другой раб. Господь описал, что произошло дальше:

> Товарищи его, видев происшедшее, очень огорчились и, придя, рассказали государю своему все бывшее. Тогда государь его призывает его и говорит: злой раб! Весь долг тот я простил тебе, потому что ты упросил меня; не надлежало ли и тебе помиловать товарища твоего, как и я помиловал тебя? И, разгневавшись, государь его отдал его истязателям, пока не отдаст ему всего долга. Так и Отец Мой Небесный поступит с вами, если не простит каждый из вас от сердца своего брату своему согрешений его (ст. 31–35).

Это образ человека, который охотно принимает Божье прощение, но не желает прощать других. Я надеюсь, что вы ни на кого не держите зла и не забыли о великой милости, которую получили от Бога.

Матфея 6:15 выражает суть этой притчи и ее значение для верующих: «...а если не будете прощать людям согрешения их, то и Отец ваш не простит вам согрешений ваших». Грех непрощающего сердца и горького духа (Евр. 12:15) лишает благословения и навлекает наказание.

Каждый верующий должен стремиться проявлять такой же дух прощения, как у Иосифа (Быт. 50:19–21) и Стефана (Деян. 7:60), и так часто, как это необходимо. Получить помилование от совершенно святого Бога, а затем отказать в помиловании другим, когда мы сами грешные люди, — это верх злоупотребления милостью. И «суд без милости не оказавшему милости; милость превозносится над судом» (Иак. 2:13).

Чему мы научились? У нас есть постоянная проблема: грех. Он мешает нам общаться с Господом и быть Ему полезными. Божье решение в отношении этого греха — постоянное прощение. Мы получаем его, исповедуя свой грех. И обязательное условие в том, чтобы мы прощали других. Непрощающий христианин — это гордый, эгоистичный человек, забывший о том, что его грехи были омыты. Научитесь исповедоваться, а прежде чем исповедоваться, научитесь прощать. Тогда мы сможем уверенно искать Бога в уединении своего сердца и каждый день просить у Него прощения.

9

«ИЗБАВЬ НАС
ОТ ЛУКАВОГО»

Мы живем в падшем мире, который постоянно обрушивает на нас реальность греха и его последствий. В первую очередь мы видим это в мире природы. Вулканы, землетрясения, пожары, наводнения, эпидемии и стихийные бедствия происходят с пугающей регулярностью, угрожая выживанию человечества.

Интеллектуальный мир особенно сильно нападает на нашу веру. Человек постоянно ищет истину, но не может ее найти. Его суждения пристрастны и несправедливы. Его манипуляции с относительным мышлением ведут к неизбежному краху. Человеком движет его собственная предвзятость. Логикой управляет гордыня, разумом — похоть, а ради материальной выгоды люди становятся лжецами. Человеческие мнения постоянно идут наперекор друг другу. Человек воздвиг твердыни идеологии, направленные против истины и Бога.

Скорбь и тревога характеризуют эмоциональный мир человека. Его неспособность контролировать свои деструктивные

145

наклонности опустошает его дух, а душа измучена конфликтами с окружающими. Зависть жалит его, ненависть наполняет горечью, а жадность разъедает его, как язва. Его чувства расстроены, любовь попрана, а доверие обмануто. Богатые попирают бедных, а бедные стремятся свергнуть богатых. Тюрьмы, больницы и психиатрические клиники знаменуют собой моральные и эмоциональные потрясения человека.

Но, без сомнения, самая темная часть человеческого мира — это его духовная жизнь. Он не находится в гармонии с Богом. Механизм нравственной природы человека явно не в порядке. Он не согласуется с Божьим планом. Злые наклонности властвуют над человеком из-за его испорченного, падшего наследия.

Кажется, что от всего этого искренне верующему человеку никуда не деться в мире сем. Куда бы мы ни обратились, повсюду видим засилье падшей культуры этого мира. Ко всему прочему, сатана неустанно атакует нашу веру. Зная об этом, мы должны молиться: «...и не введи нас в искушение, но избавь нас от лукавого» (Матф. 6:13).

Искушение или испытание?

Это шестое прошение обнадеживает, говоря о Божьей защите. На первый взгляд, толкование его смысла кажется достаточно простым: мы просим Бога уберечь нас от неприятностей. Но при ближайшем рассмотрении оказывается, что эта просьба не так проста, и ключ к ее толкованию — одно слово в греческом тексте.

Греческое слово peirasmos («искушение») — само по себе нейтральное, не обязательно означающее добро или зло, как наше слово «искушение», подразумевающее побуждение к злу. Греческий корень означает испытание или проверку, и от него произошли родственные значения «испытание» и «искушение». Здесь он, очевидно, параллелен термину «лукавый» или «злой», указывая на то, что речь идет о влечении к греху.

Проблема толкования

Божья святость и благость не допускает, чтобы Он ввел кого-либо, а уж тем более Своих детей, в место или ситуацию, в которой их намеренно будут склонять к греху. Иаков подтверждает это: «В искушении никто не говори: Бог меня искушает; потому что Бог не искушается злом и Сам не искушает никого…» (Иак. 1:13).

А ведь Иаков только что сказал: «С великою радостью принимайте, братия мои, когда впадаете в различные искушения [peirasmos], зная, что испытание вашей веры производит терпение…» (ст. 2–3). Очевидно, что мы сталкиваемся с проблемой толкования, как правильно перевести peirasmos в Матфея 6:13 — «искушение» или «испытание». Как сказал Иаков, Бог никого не искушает. Зачем же просить Его не делать того, чего Он и так никогда не делает? Однако Иаков говорит, что мы должны радоваться, когда приходят испытания, а не пытаться их избежать.

Так почему же мы должны молиться: «Не введи нас в искушение»?

Парадоксальное решение

Я утверждаю вместе со Златоустом, отцом ранней церкви, что решение этого вопроса заключается в том, что Иисус рассуждает не о логике или богословии, а о естественном проявлении человеческой слабости перед лицом опасности[37]. Мы все хотим избежать опасностей и бед, которые создает грех. Таким образом, это прошение выражает стремление искупленной души, которая настолько ненавидит грех и боится его, что хочет избежать любой возможности впасть в него, предпочитая избежать искушения, а не победить его.

Вот еще один парадокс Писания. Мы знаем, что испытания — это средство для нашего духовного, нравственного и эмоционального роста. Благодаря испытаниям укрепляется христианский характер. Но мы не хотим оказаться там, где испытание может привести к греху. И хотя мы сопротивляемся испытаниям, мы понимаем, что они укрепляют нас, потому что тренируют наши духовные мышцы.

Даже Иисус, молясь в Гефсиманском саду, сначала просил: «Отче Мой! Если возможно, да минует Меня чаша сия», прежде чем сказать: «впрочем не как Я хочу, но как Ты» (Матф. 26:39). Иисус был в ужасе от того, что Ему предстояло взять на Себя грех, но Он был готов вынести это, чтобы исполнить волю Своего Отца, которая заключалась в искуплении грешников, принявших Сына.

Наша правильная реакция на искушения должна быть похожа на реакцию Христа, но для нас это в первую очередь вопрос недоверия к себе. Когда мы честно смотрим на силу греха, на нашу собственную слабость и греховные наклонности, мы содрогаемся от опасности искушения или даже испытания. Именно это имел в виду Иаков, когда говорил: «...каждый искушается, увлекаясь и обольщаясь собственною

---

37 Иоанн Златоуст. Толкование на св. Матфея евангелиста, 19.6

похотью; похоть же, зачав, рождает грех, а сделанный грех рождает смерть» (Иак. 1:14–15).

Таким образом, это прошение — еще одна мольба к Богу дать то, чего у нас самих нет. Это просьба к Богу, чтобы Он хранил наши глаза, уши, уста, ноги и руки, чтобы во всем, что мы видим, слышим или говорим, в любом месте, куда мы идем, и во всем, что мы делаем, Он защищал нас от греха. И когда мы подвергаемся искушению, нам нужно помнить, что «всякое даяние доброе и всякий дар совершенный нисходит свыше, от Отца светов, у Которого нет изменения и ни тени перемены» (Иак. 1:17).

Выдержать или провалить?

Когда мы говорим о проверке или испытании, мы либо выдерживаем его, либо проваливаем. Поэтому любое испытание, которое допускает Бог, может превратиться в искушение. Спустя долгое время после того, как братья Иосифа продали его в рабство в Египет, он сказал им: «...вы умышляли против меня зло; но Бог обратил это в добро...» (Быт. 50:20). Каждая трудность и испытание, которые мы переживаем, даны Богом, чтобы проверить нас, упражнять наши духовные мышцы и помочь нам стать зрелыми (см. 1 Пет. 5:10). Но если вы не доверите ситуацию Богу и не будете опираться на Его силу, сатана превратит ее в искушение. Он будет соблазнять ваши похоти и может увлечь вас в грех.

Как справляться с испытаниями

Мы точно не знаем, что, подобно Иосифу, будем полностью покоряться Богу и полагаться на Него в наших испытаниях.

В этой части молитвы, по-видимому, подразумевается следующее: «Господи, никогда не вводи нас в испытание, которое окажется таким искушением, что мы не сможем ему противостоять. Напротив, избавь нас от любых испытаний, которые естественным образом навлекут на нас зло. Не подвергай нас тому, с чем мы не сможем справиться». Это значит надеяться на обетование: «...верен Бог, Который не попустит вам быть искушаемыми сверх сил, но при искушении даст и облегчение, так чтобы вы могли перенести» (1 Кор. 10:13).

Хотя Бог не искушает нас к греху, Он создает в нашей жизни ситуации, которые становятся испытаниями для нас. Когда вы смотрите какой-нибудь журнал, книгу, фильм или телепередачу, это может стать испытанием, которое выявит вашу духовную силу. Если вы не справитесь, то это превратится в искушение, которое подстегнет вашу похоть и вовлечет вас в грех.

Если вас уволили с работы, это может стать проверкой. Как вы справитесь с этим? Если вы примете это с радостью и вручите свою ситуацию Господу, вы пройдете испытание. Но сатана будет искушать вас роптать и, пожалуй, делать все возможное, чтобы испортить репутацию вашего начальника.

В Матфея 4:1 сказано, что «Иисус возведен был Духом в пустыню, для искушения от диавола...» Для Бога это было испытание, чтобы доказать добродетель Христа; для сатаны — искушение, чтобы разрушить Его добродетель. Иов сказал: «...пусть испытает меня, — выйду, как золото» (Иов. 23:10). Он правильно отнесся к своему испытанию. Петр сказал: «О сем радуйтесь, поскорбев теперь немного, если нужно, от различных искушений, дабы испытанная вера ваша оказалась драгоценнее гибнущего, хотя и огнем испытываемого

золота, к похвале и чести и славе в явление Иисуса Христа…»
(1 Пет. 1:6–7).

Господь так распоряжается нашей жизнью, чтобы мы
никогда не подвергались искушениям, не имея сил устоять
(1 Кор. 10:13). Он использует наши испытания, чтобы помочь
нам больше доверять Ему и укрепить других, которые потом
пройдут через такое же испытание. Он также использует их,
чтобы привлечь нас к Своему Слову и молитве.

Прошение в Матфея 6:13 — это средство против само-
надеянности и ложного чувства безопасности и самодоста-
точности. Мы знаем, что никогда не достигнем духовного
совершенства и не избавимся от опасности греха, пока не
окажемся с Господом. Как наш дорогой Господь молился
за нас в Своей великой ходатайственной молитве, мы хотим, чтобы нас во что бы то ни стало сохранили от лукавого
(Иоан. 17:15, Кассиан).

Как справляться с искушениями

Когда мы искренне молимся: «…не введи нас в искушение,
но избавь нас от лукавого», мы также заявляем о своей покорности Божьему Слову, которое служит нам защитой от
греха. Иакова 4:7 дает простое повеление: «Итак покоритесь Богу; противостаньте диаволу, и убежит от вас». Покоряться Богу — значит покоряться Его Слову: «В сердце
моем сокрыл я слово Твое, чтобы не грешить пред Тобою»
(Пс. 118:11). Поэтому верующий молится, чтобы его огра-
дили от чрезмерного соблазна к греху, а если он впадает
в него, то молится о спасении от него.

В проклятом мире, где на нас постоянно обрушивается
нечестие, мы признаем свою неспособность справиться с этим

злом. Мы признаем слабость нашей плоти и абсолютное бессилие человеческих ресурсов побороть грех и спасти нас из его когтей. Прежде всего, мы исповедуем свою потребность в защите и избавлении со стороны нашего любящего Небесного Отца.

Примет ли Бог прошение из Матфея 6:13? Согласно 1 Коринфянам 10:13, примет. Бог никогда не допустит, чтобы наши испытания оказались больше, чем мы можем перенести. Это видно из Матфея 6:13 во фразе «избавь нас от лукавого». Бог никогда не позволит нам подвергаться искушению выше того, что мы в состоянии выдержать. Это Его обещание, и если мы соответствуем условиям этого обещания, то можем на него рассчитывать. Что это за условие? Покоритесь Господу и противостаньте дьяволу.

Что мы узнали из молитвы «Отче наш»? Все, что нам нужно, доступно для нас. Прежде всего, мы должны предоставить Богу Его законное место. Тогда мы сможем приносить Ему наши нужды, и Он будет восполнять их из Своих безграничных вечных запасов.

Неизвестный автор хорошо выразил влияние этого образца молитвы:

> Я не могу сказать: «Отче», если каждый день не стараюсь вести себя как Его дитя. Я не могу сказать: «наш», если живу только для себя в герметичном духовном отсеке. Я не могу сказать: «Сущий на небесах», если не собираю там сокровищ.
>
> Я не могу сказать: «Да святится имя Твое», если не стремлюсь к святости. Я не могу сказать: «Да приидет Царствие Твое», если не делаю все, что в моих силах, чтобы приблизить этот чудесный день. Я не могу сказать: «Да будет воля Твоя», если

непокорен Его Слову. Я не могу сказать: «И на земле, как на небе», если не буду служить Ему здесь и сейчас.

Я не могу сказать: «Хлеб наш насущный дай нам», если я нечестен или торгую из-под полы. Я не могу сказать: «Прости нам долги наши», если затаил на кого-то злобу.

Я не могу сказать: «Не введи нас в искушение», если сознательно становлюсь на его пути. Я не могу сказать: «Избавь нас от лукавого», если не облекаюсь во всеоружие Божье.

Я не могу сказать: «Твое есть Царство», если не проявляю должной верности Царю как Его верноподданный. Я не могу приписывать Ему «силу», если боюсь того, что могут сделать люди. Я не могу приписывать Ему «славу», если ищу почестей только для себя. Я не могу сказать: «во веки», если горизонт моей жизни полностью ограничен лишь временным.

Если вы будете твердо придерживаться этого образца во всех своих молитвах, то изменится не только ваша молитвенная жизнь, но и весь ваш христианский путь. Вам больше не придется искать, что сказать в молитве. Время наедине с Богом никогда не будет прежним.

ЧАСТЬ ТРЕТЬЯ

МОЛИТВА
В ДЕЙСТВИИ

10

МОЛИТЬСЯ
О ПРАВИЛЬНОМ

Когда вы молитесь, о чем вы обычно молитесь? Если бы мы провели опрос в современной евангельской церкви и от том, на какие темы чаще всего молятся, мы бы выяснили, что большинство молитв часто имеет неправильное направление, недальновидны и эгоистичны.

Обычно мы молимся о здоровье, счастье и успехе. Мы молимся о личном комфорте. Мы молимся о решении всех физических проблем жизни, например: исцелении, жилье, работе, машине, муже, жене, детях, повышении в должности, дополнительных деньгах и так далее.

Как бы это ни было важно в определенном смысле (особенно для нуждающихся людей), в Божьем Царстве эти вопросы не имеют большого приоритета. Иисус сказал, что мы не должны беспокоиться о том, что нам есть, что пить или во что одеться, зная, что Бог обо всем этом позаботится (Матф. 6:25–33). Нашим приоритетом должно быть укрепление Божьего Царства.

Мы живем в мире, который мало что знает о том, что по-настоящему ценно. Люди вокруг нас стремятся к тому, что не имеет непреходящей ценности. Это стремление хорошо описано Антоном Чеховым в его классическом рассказе «Пари»[38]. Этот рассказ позволяет нам увидеть систему ценностей большинства людей.

Сюжет связан с пари между двумя образованными людьми по поводу одиночного заключения. Состоятельный банкир средних лет считал смертную казнь более гуманным наказанием, чем одиночное заключение, потому что «казнь убивает сразу, а пожизненное заключение медленно». Один из его гостей на вечере, молодой юрист лет двадцати пяти, не согласился с ним, сказав: «Жить как-нибудь лучше, чем никак».

Выйдя из себя, банкир вдруг предложил пари на два миллиона рублей, что молодой человек не сможет продержаться в одиночной камере и пяти лет. Юрист был настолько убежден в своей стойкости, что заявил, что высидит в одиночном заключении не пять, а пятнадцать лет.

Все было улажено, и молодой человек переехал в отдельный флигель на территории большого поместья банкира. Ему не разрешалось иметь посетителей или получать газеты. Можно было писать письма, но не получать их. За тем, чтобы он не нарушил соглашение, следили сторожа, но они располагались так, чтобы он никогда не мог увидеть из своих окон другого человека. Он получал еду молча, через небольшое окошко, где не мог видеть тех, кто ему подавал. Все остальное: книги, определенные продукты питания, музыкальные инструменты и т. д. — предоставлялось по особому письменному запросу.

---

38 Чехов А. П. Пари // Полное собр. соч. и писем: в 30 т. М.: Наука. Т. 7. 1977. С. 229–235.

В течение первого года его сторожа могли слышать, как он играет на рояле почти в любой час, и он просил много книг, в основном романы и другое легкое чтение. На следующий год музыка прекратилась, и он попросил прислать ему произведения различных классиков. На шестом году изоляции он начал изучать языки и вскоре овладел шестью. После десятого года заключения узник неподвижно сидел за столом и читал Новый Завет. После более чем года изучения Библии он начал изучать историю религии и труды по богословию.

Вторая половина рассказа посвящена ночи накануне срока, когда в полдень адвокат должен был выиграть пари. Банкир был уже на закате своей карьеры. Его рискованные спекуляции и горячность постепенно привели в упадок его дела. Некогда самонадеянный миллионер теперь стал банкиром средней руки, и проигрыш пари погубил бы его. Злясь на свою глупость и завидуя будущему богатому юристу, которому сейчас было всего сорок лет, старый банкир решил убить своего оппонента и обвинить сторожа в убийстве. Прокравшись в комнату этого человека, он застал его спящим за столом и заметил письмо, которое юрист написал ему. Он взял его и прочел следующее:

> Завтра в 12 часов дня я получаю свободу… Но прежде, чем оставить эту комнату… я считаю нужным сказать вам несколько слов. По чистой совести и перед Богом, Который видит меня, заявляю вам, что я презираю и свободу, и жизнь, и здоровье, и все то, что в ваших книгах называется благами мира. <…> Я знаю, что я умнее всех вас. И я презираю ваши книги, презираю все блага мира и мудрость. Все ничтожно, бренно, призрачно и обманчиво, как мираж. Пусть вы горды, мудры

и прекрасны, но смерть сотрет вас с лица земли наравне с подпольными мышами, а потомство ваше, история, бессмертие ваших гениев замерзнут или сгорят вместе с земным шаром. Вы обезумели и идете не по той дороге. Ложь принимаете вы за правду и безобразие за красоту. <…> Чтоб показать вам на деле презрение к тому, чем живете вы, я отказываюсь от двух миллионов, о которых я когда-то мечтал, как о рае, и которые теперь презираю. Чтобы лишить себя права на них, я выйду отсюда за пять часов до условленного срока и таким образом нарушу договор.

Банкир прочитал эти строки, положил бумагу на стол, поцеловал странного, спящего человека, заплакал и тихо вышел из флигеля. Чехов пишет: «Никогда в другое время, даже после сильных проигрышей на бирже, он не чувствовал такого презрения к самому себе, как теперь». Слезы не давали ему уснуть весь остаток ночи. А на следующее утро всем часовым сторожа сообщили ему, что видели, как этот человек пролез через окно, пошел к воротам, а потом куда-то скрылся.

Некоторым людям приходится с большим трудом узнавать, что именно ценно, а некоторые так и не узнают этого.

Мы только что посвятили несколько глав тому, чтобы узнать, что ценно в наших молитвах. Образец молитвы, данный Иисусом в Матфея 6:9–15, предоставляет каркас, на котором мы можем строить свою собственную молитвенную практику. В двух оставшихся главах мы рассмотрим конкретные духовные вопросы, которым должны быть посвящены наши молитвы. Эти вопросы расширят и наполнят содержанием образец, данный Иисусом. Чтобы разобраться в этих важнейших вопросах, надо рассмотреть, чему учил на эту тему апостол Павел.

Павел знал, что важно в христианской жизни. Его молитвы о святых поражают тем, что посвящены исключительно духовным вопросам. Одна из его молитв особенно выделяется своей простотой и глубиной: «Для сего и молимся всегда за вас, чтобы Бог наш соделал вас достойными звания и совершил всякое благоволение благости и дело веры в силе…» (2 Фес. 1:11). Павел часто посвящал свои молитвы многочисленным вопросам, направленным на духовную пользу святых. Здесь у него есть три пожелания для фессалоникийцев: достоинство, исполнение и сила в служении.

Источник

Прежде чем рассмотреть эти три прошения и следствия из них, нужно кратко остановиться на источнике всех духовных благословений. Павел знал, что большую часть того, чего он желал для святых, он мог получить только благодаря молитве. Он не обращался к человеческой находчивости или какой-нибудь программе, он обращался к Богу. Павел был верным пастырем, который при любой возможности учил Божий народ тому, как важно повиноваться Его заповедям. Но этого было недостаточно — нужно было обращаться к Богу, ведь только Он мог подвигнуть людей к послушанию. Павел знал, что Бог желает освятить Свой народ, и у него было то же самое желание. Поэтому он молился о том, что Бог хотел совершить в Своем народе.

Если вы собираетесь молиться друг за друга, не молитесь только о физических нуждах — сделайте своим приоритетом молитву о важных духовных вопросах жизни, потому что они больше всего интересуют Бога. Его конечная цель в том, чтобы вы уподобились образу Иисуса Христа.

Небольшие жизненные испытания важны лишь постольку, поскольку они раскрывают вашу более глубокую духовную потребность. Бога больше всего интересует ваша реакция и отношение к событиям, которые происходят в вашей жизни.

Для Павла, как и для любого зрелого христианина, молитва — это постоянное состояние ума, страстно желающего исполнения Божьих обетований и замыслов, духовного благополучия Его народа, распространения Его Евангелия и роста Его церкви. То, что интересует Господа, должно интересовать и вас, если вы действительно хотите прославлять Его в своей жизни.

Просьбы

Молитва Павла о фессалоникийцах содержит три крайне важных и насыщенных духовных вопроса, имеющих решающее значение для всех верующих: «...чтобы Бог наш соделал вас достойными звания и совершил всякое благоволение благости и дело веры в силе...» (2 Фес. 1:11). Достоинство связано с духовным характером. Нам нужно желать, чтобы Господь сделал нас такими людьми, какими мы должны быть. Исполнение заключается в том, что Бог исполняет в нашей жизни каждое святое желание. А сила необходима, чтобы наше служение было по-настоящему эффективным. Молясь за своих близких или за братьев и сестер во Христе, молитесь об их достоинстве, исполнении и силе в служении.

Когда эти вопросы будут приоритетом наших молитв и образцом нашего послушания, это принесет Богу честь.

Достоинство

Первая просьба Павла — чтобы Бог «соделал вас достойными звания». Это широкая просьба, охватывающая наш христианский характер. Если мы утверждаем, что принадлежим Христу, мы должны жить так, чтобы оказывать Ему честь.

«Звание» — это обширное новозаветное понятие, которое в посланиях всегда говорит о действенном спасительном призвании, приводящем к возрождению. Это не призыв покаяться или уверовать. Это призвание, которое Павел описал в Послании к римлянам: «А кого Он предопределил, тех и призвал, а кого призвал, тех и оправдал; а кого оправдал, тех и прославил» (Рим. 8:30). Здесь «призвание» занимает свое место в процессе спасения — это «призвание», приводящее в действие во времени избрание, состоявшееся в вечном прошлом. И это призвание непреложно (Рим. 11:29). В своем Первом послании к фессалоникийцам Павел говорит о важности этого призвания: «...поступать достойно Бога, призвавшего вас в Свое Царство и славу» (1 Фес. 2:12).

Суть слов Павла ясна. Верующие были призваны к спасению, чтобы носить имя христианина и принадлежать к Божьему народу. Поэтому Он молился, чтобы мы были достойны носить имя Христа.

Достоинство по положению

Все достойны смерти и недостойны спасения. Это относилось к нам до того, как Бог спас нас. Поэтому мы можем сделать вывод, что Бог спасает недостойных и делает их достойными. Таково наше положение во Христе. Как вы были объявлены праведными благодаря праведности Христа, так же вы были названы достойными благодаря Его праведности. Вы не заработали свою праведность, равно как и свое достоинство — все это вы получили только по Божьей благодати. Так что по своему положению перед Богом вы достойны.

Достоинство на практике

Павел просил Бога сделать нас достойными нашего призвания именно в практическом смысле. Бог хочет, чтобы вы с честью носили Его имя, и Он использует ваши страдания для достижения этой цели: «...в доказательство того, что будет праведный суд Божий, чтобы вам удостоиться Царствия Божия, для которого и страдаете» (2 Фес. 1:5). Страдания, которые Он привносит в вашу жизнь, избавляют вас от плоти и влекут к Нему. А это в конечном счете ведет к духовной зрелости.

Каждый верующий должен молиться о том, чтобы считаться достойным своего призвания. Мы все должны желать, чтобы ни один верующий не навлекал на Христа поношение и не бесчестил Его имя. Павлу пришлось напрямую обратиться к группе людей в церкви в Фессалонике, поступавших именно так: «Завещеваем же вам, братия, именем Господа нашего Иисуса Христа, удаляться от всякого брата, поступающего бесчинно, а не по преданию, которое приняли от нас...» (2 Фес. 3:6). Некоторые верующие явно не слушались Божьего Слова и учения апостолов, а вместо этого поступали бесчинно. Фактически, Павел писал: «...некоторые у вас поступают бесчинно, ничего не делают, а суетятся» (ст. 11). Возможно, они были достойны по своему положению перед Христом, но они точно не жили так, чтобы почитать Его на практике.

У нас с вами есть безмерная привилегия и ответственность достойно носить имя Христа. Эта тема постоянно звучит в посланиях Павла. Ефесянам он писал: «Итак я, узник в Господе, умоляю вас поступать достойно звания, в которое вы призваны, со всяким смиренномудрием и кротостью и долготерпением, снисходя друг ко другу любовью, стараясь сохранять единство духа в союзе мира» (Еф. 4:1–3).

Филиппийцам он сказал: «Только живите достойно благовествования Христова, чтобы… слышать о вас, что вы стоите в одном духе, подвизаясь единодушно за веру Евангельскую, и не страшитесь ни в чем противников…» (Флп. 1:27–28).

А колоссянам написал: «…чтобы поступали достойно Бога, во всем угождая Ему, принося плод во всяком деле благом и возрастая в познании Бога, укрепляясь всякою силою по могуществу славы Его…» (Кол. 1:10–11). Каждый из этих отрывков дает нам некоторое представление о том, что значит поступать достойно: к какому образу жизни нам следует стремиться и о каких качествах надо просить Бога, чтобы они преобладали во всей нашей жизни.

Ниже приведен новозаветный список всего, что входит в понятие «поступать достойно»:

- Смирение (Еф. 4:2–3)
- Чистота (Рим. 13:13)
- Довольство (1 Кор. 7:17)
- Вера (2 Кор. 5:7)
- Праведность (Еф. 2:10)
- Единство (Флп. 1:27)

- Кротость (Еф. 4:2)
- Терпение (Кол. 1:11)
- Любовь (Еф. 5:2)
- Радость (Кол. 1:11)
- Благодарность (Кол. 1:3)
- Свет (Еф. 5:8–9)
- Познание (Кол. 1:10)
- Мудрость (Еф. 5:15–16)
- Истина (3 Иоан. 3–4)
- Плодовитость (Кол. 1:10)

Если вы действительно принадлежите Христу, вы должны поступать так, как поступал Он (1 Иоан. 2:6).

Исполнение

Вторая просьба Павла — чтобы Бог «совершил всякое благоволение благости». Греческое слово, переведенное как «совершил» (pleroō), означает «исполнять». То есть Павел просит Бога исполнять в нашей жизни все желания, благие по Его определению.

Псалмы часто выражают это желание. Давид молился: «Ты дал ему, чего желало сердце его, и прошения уст его не отринул, ибо Ты встретил его благословениями благости…» (Пс. 20:3–4). Он также сказал: «Утешайся Господом, и Он исполнит желания сердца твоего» (36:4). Даст ли Бог вам все, чего желает ваше сердце? Даст, если вы будете радоваться Ему, и ваши желания будут Его желаниями. Данную истину подтверждает это смелое заявление: «Господь совершит за меня!» (137:8). Как Давид мог быть настолько уверен? Потому что его планы были такими же, как и планы Бога.

Я уверен, что многие люди считают, что Бог неохотно дает счастье, что Он получает некое удовлетворение, оставляя людей в постоянных бедах, чтобы напомнить им, что Он строгий и требовательный. Но это совсем не так. Бог хочет дать вам желание вашего сердца, если только ваше желание соответствует Его желанию. Псалом 144:16 говорит о том, что Бог насыщает желания всех живущих (НРП). Бог щедрый и милостивый. Он жаждет дать Своим детям то, чего они желают, но только если это праведное желание.

Сила

Третья просьба Павла — чтобы Бог «совершил…дело веры в силе». Фессалоникские верующие уже участвовали в деле веры (2 Фес. 1:3–5). Их вера была настоящей, потому что приносила плод. Но Павел хотел, чтобы они возрастали в вере, поэтому молился, чтобы их вера стала еще сильнее.

Павел молился за ефесян так: «…да даст вам, по богатству славы Своей, крепко утвердиться Духом Его во внутреннем человеке» (Еф. 3:16). Божья сила проявляется в вас, когда вы позволяете Слову Божьему главенствовать в вашей жизни (Кол. 3:16).

То, о чем вы молитесь за супруга, за детей, за друзей, за людей, которых вы любите, не должно ограничиваться лишь временным. Вместо этого просите Бога укрепить их дело веры, исполнить их желание благости и сделать их жизнь такой, чтобы они достойно носили имя Христа.

Причина

Причина, почему надо молиться о таких духовных благах, довольно очевидна — мы неоднократно повторяли ее в этой книге: «…да прославится имя Господа нашего Иисуса Христа в вас, и вы в Нем, по благодати Бога нашего и Господа Иисуса Христа» (2 Фес. 1:12). Это главная причина, почему мы делаем все в христианской жизни. Если наша конечная цель не в этом, то мы слишком много внимания уделяем себе (см. Иоан. 14:13–14).

Мы молимся друг за друга, чтобы быть достойными нашего призвания, потому что от этого зависит репутация Христа. Именно так думал Даниил, когда молился: «Господи! услыши; Господи! прости; Господи! внемли и соверши, не умедли ради Тебя Самого, Боже мой, ибо Твое имя наречено на городе Твоем и на народе Твоем» (Дан. 9:19).

Одна из главных причин, почему люди отвергают христианство, — это лицемерие тех христиан, которых они встречали. Поэтому Павел молился, чтобы мы были противоположностью лицемеров, — чтобы мы приносили честь имени Христа и в результате приводили к Нему неверующих. Вот почему Иисус сказал: «Так да светит свет ваш пред людьми, чтобы они видели ваши добрые дела и прославляли Отца вашего Небесного» (Матф. 5:16). Желание Павла здесь выражено точно так же, как и во Втором послании к коринфянам: «Что касается до Тита, это — мой товарищ и сотрудник у вас; а что до братьев наших, это — посланники церквей, слава Христова» (2 Кор. 8:23).

Надеюсь, вы начнете уделять первостепенное внимание важным духовным вопросам. Но это не так просто, ведь мы склонны фокусироваться на временном. Однако ставить духовные вопросы на первое место — это жертва, которую стоит принести. Вам может помочь следующий пример жертвенности:

" Компания «Пони-экспресс» была частной почтовой компанией, доставлявшей почту с помощью эстафеты всадников. Восточный конец маршрута был в городе Сент-Джозеф, Миссури, а западный — в Сакраменто, Калифорния. Пересылка письма в «Пони-экспресс» стоила 2,5 доллара за унцию. Если позволяла погода, лошади и индейцы, это письмо преодолевало весь путь в 3000 километров за 10 дней, как, например, сообщение об инаугурационной речи Линкольна.

Возможно, вас удивит, что компания «Пони-экспресс» действовала только с 3 апреля 1860 года по 18 ноября 1861 года — примерно полтора года. Когда между этими двумя городами была проложена телеграфная линия, эта служба оказалась ненужной.

Быть всадником в «Пони-экспресс» было тяжелой работой. Надо было скакать от 120 до 160 километров в день, меняя лошадей каждые 25–40 километров. Помимо почты в багаже было только немного провизии, включая муку, кукурузную крупу и бекон. На случай опасности также был медицинский комплект из скипидара, буры и винного камня. Чтобы путешествовать налегке и увеличить скорость передвижения во время нападений индейцев, мужчины всегда ездили просто в рубашках, даже в суровую зимнюю погоду.

Как бы вы набирали добровольцев для этой опасной работы? В 1860 году в Сан-Франциско в газете было напечатано такое рекламное объявление для «Пони-экспресс»: «ТРЕБУЮТСЯ молодые, худые, выносливые ребята не старше 18 лет. Должны быть опытными всадниками, готовыми ежедневно рисковать. Предпочтительно сироты»[39].

---

39 Donald S. Whitney, *Spiritual Disciplines for the Christian Life* (Colorado Springs, CO: NavPress, 1991), 115–116.

11

МОЛИТЬСЯ
О ПОГИБАЮЩИХ

Чарльз Сперджен хорошо выразил мысль, что все христиане должны уделять первостепенное внимание молитве о погибающих:

> *Завоеватель душ должен владеть искусством молитвы.* Вы не сможете приводить души к Богу, если не будете приходить к Богу сами. Вы должны получить свои боевые секиры и остальное вооружение из арсенала священного общения с Христом. Если вы долгое время пребываете наедине с Христом, вы исполняетесь Его Духом, зажигаетесь пламенем, которое горело в Его сердце и на котором была принесена в жертву Его жизнь. Вы будете плакать теми слезами, которые Он проливал над Иерусалимом, видя его погибель. И даже если вы не сможете говорить столь красноречиво, как говорил Он, все же в ваших словах будет хоть какая-то доля той силы, которая была в Нем, заставляя трепетать сердца и пробуждая совесть людей. Мои дорогие слушатели и особенно члены церкви, я всегда очень

боюсь, что кто-то из вас начнет дремать на веслах и перестанет заботиться о деле Царства Божьего. Есть среди вас те, — которым я благодарен и за которых благодарю Бога, — кто вовремя и не вовремя озабочены приобретением душ, и вы имеете истинную мудрость; но я боюсь, что есть и такие, у которых руки опущены, которые довольны тем, что я для них проповедую, но не проповедуют сами, которые сидят на этих скамейках, занимают места и считают, что у них все дела идут хорошо, и больше ничего не делают[40].

Какой христианин не молится о спасении друзей и близких, которые не знают Господа? Однако мы должны смотреть на вещи шире. Писание подтверждает точку зрения, что мы все должны молиться о погибающих в целом.

Библия приводит несколько примеров молитвы за тех, кто не имеет спасения. В Числах 14:19 Моисей молился: «Прости грех народу сему по великой милости Твоей, как Ты прощал народ сей от Египта доселе». Он взывал к Богу о прощении грешивших израильтян. Пророк Самуил также молился о спасении Израиля. В 1 Царств 7:3–5 говорится:

>> И сказал Самуил всему дому Израилеву, говоря: если вы всем сердцем своим обращаетесь к Господу, то удалите из среды себя богов иноземных и Астарт и расположите сердце ваше к Господу, и служите Ему одному, и Он избавит вас от руки Филистимлян. И удалили сыны Израилевы Ваалов и Астарт и стали служить одному Господу. И сказал Самуил: соберите всех Израильтян в Массифу и я помолюсь о вас Господу.

---

40 Charles Haddon Spurgeon, *The Soul Winner* (Grand Rapids, MI: Eerdmans, 1989), 246–147.

Далее в 1 Царств, после того как он обличил их в грехе, что они требовали царя, он сказал: «…и я также не допущу себе греха пред Господом, чтобы перестать молиться за вас, и буду наставлять вас на путь добрый и прямой…» (12:23).

В Новом Завете приводится свидетельство Стефана. Когда его побивали камнями, он молился, по сути, о спасении своих палачей: «…и побивали камнями Стефана, который молился и говорил: Господи Иисусе! Приими дух мой. И, преклонив колени, воскликнул громким голосом: Господи! Не вмени им греха сего. И, сказав сие, почил» (Деян. 7:59–60).

Павел глубоко желал спасения своих собратьев-израильтян. Он выразил это желание в Римлянам 9:1–4: «Истину говорю во Христе, не лгу, свидетельствует мне совесть моя в Духе Святом, что великая для меня печаль и непрестанное мучение сердцу моему: я желал бы сам быть отлученным от Христа за братьев моих, родных мне по плоти, то есть Израильтян…» Эта глубокая забота не могла не найти выражения в его молитвенной жизни: «Братия! Желание моего сердца и молитва к Богу об Израиле во спасение» (Рим. 10:1).

Итак, Библия ясно говорит об уместности и необходимости молитвы за погибающих. Помимо приведенных выше примеров, о евангелизационной молитве прямо сказано в 1 Тимофею 2:1–8. Эти стихи носят полемический характер; они направлены на решение проблемы в Ефесской церкви. Поскольку Павел здесь повелевает молиться за погибающих, мы можем сделать вывод, что в Ефесе такая молитва утратила свой приоритет.

Поскольку евангельский призыв носит всеобщий характер, Павел показал, что нужно молиться за всех людей. Цель церкви, как и Израиля до нее, — донести до всего мира спасительную Божью истину. Израиль не был верным народом, через который Бог мог бы привлечь весь мир, и эта ответственность перешла к церкви. Павел писал из опасения, чтобы представление о своей исключительности, из-за которого Израиль не справился со своей миссией, не поразило церковь. Однако история показывает, что церковь действительно бывает довольна собой и часто не обращает внимания на грешников.

Главная функция церкви на земле — нести спасение погибающим. Павел знал, что ефесяне не смогут этого сделать, пока продолжают придерживаться своей эгоистичной исключительности.

Чтобы выполнять свою миссию в мире, они должны уяснить всю широту евангельского призыва. И первое, что нужно сделать, чтобы понять это, — освоить евангелизационную молитву.

Природа евангелизационной молитвы

Павел пишет: «Итак прежде всего прошу совершать молитвы, прошения, моления, благодарения…» (1 Тим. 2:1). Хотя первые три термина Павел использует практически как синонимы, у них есть некоторые тонкие оттенки смысла, которые обогащают наше представление о молитве. «Молитвы» обозначают молитвенные просьбы, возникающие из чувства нужды. Зная, чего недостает, мы просим Бога дать это. Когда мы смотрим на множество погибающих людей, огромность этой нужды должна побуждать нас становиться на колени в евангелизационной молитве.

Английский пуританин XVII века Ричард Бакстер писал:

>> О, если у вас внутри есть сердца христиан или людей, пусть
они устремятся к вашим бедным невежественным, безбожным
ближним. Увы, между ними и смертью и адом лишь один шаг;
многие сотни болезней готовы настигнуть их, и если они
умрут не возрожденными, то погибнут навсегда. Неужели
у вас каменные сердца, не способные сжалиться над людьми
в подобной ситуации? Если вы не верите Слову Божьему
и тому, что грешникам грозит опасность, то почему вы сами
христиане? Если вы верите этому, почему же вы не стараетесь
помочь другим? Вам безразлично, кто будет проклят, лишь
бы вы были спасены? Если так, то вы имеете все основания
сожалеть о себе, потому что такой склад духа совершенно
несовместим с благодатью.

<…> Неужели ты живешь рядом с ними, или встречаешь их
на улицах, или работаешь с ними, или путешествуешь с ними,
или сидишь и разговариваешь с ними, и при этом ничего не
говоришь им об их душах и будущей жизни? Если бы в их доме
начался пожар, ты бы побежал и помог им; и неужели ты не
поможешь им, когда их души уже почти охвачены адским
пламенем?[41]

«Прошения» означает просто молитву в общем. В отличие
от слова, переведенного «молитвы», это слово в Писании
используется только по отношению к Богу. Таким образом,
оно передает уникальный элемент поклонения и благоговения. Молитва о погибающих в конечном счете обраще-
на к Богу как поклонение, потому что благодаря спасению
грешников они воздают Ему славу.

---

41 Richard Baxter, *The Saints' Everlasting Rest*, цит. по: I. D. E. Thomas, ed., *A Puritan
Golden Treasury* (Edinburgh, Scotland: Banner of Truth, 1977), 92–93.

Греческое слово, переведенное как «моления», происходит от корня, означающего «приступать к кому-то». Это слово в форме глагола обозначает как ходатайство Христа, так и Духа за нас (Евр. 7:25; Рим. 8:26).

Члены Троицы разделяют наши нужды и участвуют в наших трудностях, проявляя сочувствие, симпатию и сострадание. Молитва за погибающих никогда не должна быть холодной, отстраненной или бесстрастной, как у государственного защитника, которому поручено представлять интересы подсудимого.

Понимая всю глубину их горя и страданий, а также их грядущую погибель, мы должны взывать к Богу о спасении грешников.

«Благодарения» — это четвертый элемент евангелизационной молитвы. Мы молимся с духом благодарности Богу за то, что Евангелие было предложено, что у нас есть привилегия донести это Евангелие до погибающих, и что некоторые откликаются на него с верой и покаянием.

Эти четыре нюанса обогащают наши молитвы, позволяя нам эффективно молиться о погибающих. Если их нет, нам нужно проверить свои сердца. Осознаем ли мы в полной мере, в каком отчаянном положении находятся погибающие? Действительно ли мы хотим, чтобы Бог прославился спасением душ? Сочувствуем ли мы тому, что их души погибают как во времени, так и в вечности? Благодарны ли мы за то, что Евангельская весть распространяется на всех, и за нашу привилегию делиться ею? Если в наших сердцах отсутствуют эти составляющие, мы останемся равнодушными. Часто мы остаемся равнодушными просто потому, что не слушаемся этих призывов.

Охват евангелизационной молитвы

Мы должны совершать эти молитвы «за всех человеков, за царей и за всех начальствующих» (1 Тим. 2:1–2). Как мы видели в предыдущей главе, наши молитвы слишком часто ограничиваются личными нуждами и желаниями и редко выходят за пределы нашего ближайшего круга друзей и семьи. В отличие от этого, Павел призывает к евангелизационной молитве «за всех человеков». Здесь нет места эгоизму и исключительности. Мы не должны пытаться ограничить евангельский призыв или наши евангелизационные молитвы только избранными. В конце концов, у нас нет возможности узнать, кто именно избран, пока они не откликнутся на призыв Евангелия. Более того, нам сказано, что Бог желает, чтобы все спаслись (2:4). Он не радуется смерти нечестивых, но радуется, когда грешники отворачиваются от своих злых путей и живут (Иез. 33:11). Поэтому молитва о спасении погибающих вполне соответствует Божьему желанию. Он повелел всем людям покаяться (Деян. 17:30). Мы должны молиться, чтобы они так и сделали, чтобы приняли спасение, предлагаемое всем (Тит. 2:11).

Из общей группы «всех людей» Павел отдельно выделил тех, кто иначе мог бы остаться без внимания в евангелизационной молитве: «…за царей и за всех начальствующих». Поскольку древние (и современные) правители так часто бывают тираничны и даже неуважительны к Господу и Его народу, они становятся мишенью для горечи и вражды. Также они далеки от нас, не принадлежат к повседневной жизни верующих. Поэтому есть склонность относиться к ним равнодушно.

Пренебрегать ими — серьезный грех, потому что руководители наделены властью и ответственностью. Здесь Павел призывает ефесское собрание молиться за императора, которым в то время был жестокий и порочный богохульник Нерон. Хотя он был ужасным, развратным гонителем веры, они все равно должны были молиться о его искуплении. Ради их вечных душ мы должны молиться «за царей и за всех начальствующих», чтобы все они покаялись в своих грехах и уверовали в Евангелие.

Павел не повелел нам молиться о снятии с должности злых правителей или тех, с кем мы политически не согласны. Мы должны быть верными и покорными своему правительству (1 Пет. 2:17; Рим. 13:1–5). Если бы усилия, которые церковь тратит на политические маневры и лоббирование, она сегодня направила на ходатайственную молитву, это могло бы оказать глубокое влияние на нашу страну. Мы слишком часто забываем, что «оружия воинствования нашего не плотские, но сильные Богом на разрушение твердынь» (2 Кор. 10:4). Ключ к изменению нации — это спасение грешников, а для этого нужна верная молитва.

Польза евангелизационной молитвы

Польза от молитвы за погибающих на самом деле очень велика: «…дабы проводить нам жизнь тихую и безмятежную во всяком благочестии и чистоте…» (1 Тим. 2:2). Молитва за представителей власти создаст в обществе условия, благоприятные для евангелизационных усилий церкви. Прежде всего, когда верующие привержены молитве за всех своих руководителей, это устраняет всякую мысль о восстании или противостоянии им. Вместо этого люди Христа становятся миротворцами, а не реакционерами. Как Павел писал Титу:

> Напоминай им повиноваться и покоряться начальству и властям, быть готовыми на всякое доброе дело, никого не злословить, быть не сварливыми, но тихими, и оказывать всякую кротость ко всем человекам. Ибо и мы были некогда несмысленны, непокорны, заблуждшие, были рабы похотей и различных удовольствий, жили в злобе и зависти, были гнусны, ненавидели друг друга (Тит. 3:1–3).

Здесь Павел снова призывает верующих к спокойствию и покорности по отношению к стоящим над ними языческим или отступническим правителям. Мы можем так поступать, потому что понимаем, что они такие же грешники, какими были и мы, неспособные к праведности.

Когда верующие начинают непрестанно молиться за погибающих, особенно за своих трудных руководителей, неверующие начинают видеть в христианах добродетельных, миролюбивых, сострадательных и возвышенных людей, заботящихся об их благополучии. Когда неспасенные люди поймут, что мы не представляем угрозы для общества, к нам будет легче относиться как к желанным друзьям. А когда по молитвам христиан все больше людей будет обретать спасительную веру, благоприятные условия для церкви могут возрастать.

Отсутствие беспорядков

Церковь, послушная этому поручению, будет «проводить… жизнь тихую и безмятежную». Греческие слова, переведенные как «тихую» и «безмятежную», — редкие прилагательные. Первое, встречающееся только в Новом Завете только здесь, означает отсутствие внешних помех. Второе, встречающееся только здесь и в 1 Петра 3:4, означает отсутствие внутренних беспорядков. Когда церковь проявляет свою любовь и доброту ко всем и изливает себя в сострадательной, заботливой молитве о погибающих, это уменьшает возможную враждебность по отношению к ней. В результате святые могут обрести свободу как от внутренних, так и от внешних помех.

Церковь, оставаясь бескомпромиссной в своей приверженности истине, не должна быть возмутителем и нарушителем жизни страны. Это ясное учение Писания. Если нас будут гнать, то только за Христа, за праведную жизнь (см. 1 Пет. 2:13–23).

В 1 Фессалоникийцам 4:11 Павел повелел фессалоникийским верующим «усердно стараться о том, чтобы жить тихо, делать свое дело и работать своими собственными руками». Христиане должны быть известны своим спокойным поведением, а не тем, что создают беспорядки. Неверующие должны видеть в нас тихих, верных, усердных, добродетельных людей. Хотя мы можем ненавидеть нечестивую мирскую систему, враждебную Богу, мы не должны воспринимать тех, кто в ней живет, как своих личных врагов. Они находятся в плену у настоящего врага, дьявола (см. 2 Тим. 2:24–26). Они не наши враги, они — наше миссионерское поле.

Присутствие святости

Чтобы вести «жизнь тихую и безмятежную», верующие должны преуспевать «во всяком благочестии и чистоте».

«Благочестие» — перевод слова eusebeia, часто встречающегося в Пастырских посланиях. Оно передает идею благоговения перед Богом. Верующие должны жить ради величия, святости, любви и славы Бога.

Слово semnotēs, переведенное как «чистота», можно было бы перевести как «нравственная серьезность». «Благочестие» может означать правильное расположение, а «достоинство» — правильное поведение. Таким образом, верующие должны отличаться приверженностью к нравственной жизни; святые побуждения должны приводить к святому поведению. И то, и другое содействует тихому и безмятежному образу жизни.

Однако это не значит, что в христианской жизни не будет проблем. Павел писал в 2 Тимофею 3:12: «Да и все, желающие жить благочестиво во Христе Иисусе, будут гонимы». Христианская жизнь — это война с сатаной и силами зла. Самого Павла били и сажали в тюрьму за веру. Однако в этом отрывке он говорит о том, что если мы встречаем враждебность и терпим гонения, то это должно быть не за что иное, как за наше благочестивое отношение и поведение. Мы не должны провоцировать отрицательную реакцию, будучи разрушительной силой в обществе.

Причины для евангелизационной молитвы

Почему мы должны молиться о погибающих? Павел отвечает на этот вопрос одним из самых сильных и ярких отрывков во всем Писании, посвященных спасительному замыслу Бога:

> ...ибо это хорошо и угодно Спасителю нашему Богу, Который хочет, чтобы все люди спаслись и достигли познания истины.

Ибо един Бог, един и посредник между Богом и человеками, человек Христос Иисус, предавший Себя для искупления всех. Таково было в свое время свидетельство, для которого я поставлен проповедником и Апостолом, — истину говорю во Христе, не лгу, — учителем язычников в вере и истине (1 Тим. 2:3–7).

Морально правильная

Бог называет молитву о погибающих благородным и духовно правильным делом, и наша совесть соглашается с этим. Погибающие страдают от мук греха, стыда и бессмысленности в этой жизни и от непрекращающихся мук вечного ада в жизни грядущей. Зная это, наша самая превосходная задача — молиться об их спасении.

Некоторые могут утверждать обратное, ссылаясь на то, что Иисус сказал в Иоанна 17:9: «Я… не о всем мире молю…» Но там Христос как великий Первосвященник молился за избранных Божьих. Поскольку Он — суверенный, всеведущий Бог, Его молитва была конкретной в таком смысле, как не может быть у нас. Он молился исключительно о спасении тех, кого Он возлюбил и избрал прежде основания мира, чтобы они стали причастниками всякого духовного благословения (Еф. 1:3–4). «Мир» был особо исключен из спасительного замысла Его молитвы.

Однако наши молитвы — это не молитвы первосвященника; мы молимся как посланники Христа, чья задача — от Его имени увещевать людей примириться с Богом (2 Кор. 5:20). Поэтому нам дано повеление «совершать молитвы, прошения, моления, благодарения за всех человеков» (1 Тим. 2:1). Наше искреннее желание должно быть направлено на спасение всех грешников (см. Рим. 9:3; 10:1). Мы не должны пытаться ограничить благовестие только избранными.

Есть три причины, почему мы не должны ограничивать благовестие. Во-первых, нам дано повеление проповедовать всем в мире (Матф. 28:19–20; Марк. 16:15; Лук. 24:46–47). Во-вторых, Божье установление об избрании — это тайна. Мы не знаем, кто именно избран, и не можем узнать, пока они не откликнутся на Евангелие. В-третьих, сфера Божьего замысла благовестия шире, чем только избрание. «...Ибо много званых, а мало избранных» (Матф. 22:14). Даже перво-священническая молитва Иисуса охватывает весь мир в этом важном отношении. Наш Господь молился о единстве среди избранных, чтобы истина Евангелия стала явной для всего мира: «...да уверует мир, что Ты послал Меня. <...> ...И да познает мир, что Ты послал Меня...» (Иоан. 17:21, 23). Божий призыв ко всем грешникам — это добросовестное и искреннее приглашение к спасению: «Живу Я, говорит Господь Бог: не хочу смерти грешника, но чтобы грешник обратился от пути своего и жив был. Обратитесь, обратитесь от злых путей ваших; для чего умирать вам, дом Израилев?» (Иез. 33:11).

Соответствует желанию Бога

В каком-то непостижимом смысле Божье желание спасти мир отличается от Его вечного спасительного замысла. С человеческой точки зрения это можно в какой-то мере понять: ведь наши цели часто расходятся с нашими желани-ями. Например, мы можем желать посвятить день отдыху, но более высокая цель побуждает нас вместо этого пойти на работу. Подобным образом Божий спасительный замысел превосходит Его желания. (Конечно, есть очень важное различие: мы можем быть вынуждены по неподвластным нам обстоятельствам выбирать то, чего не желаем. Но Божий выбор определяется не чем иным, как Его собственным суверенным вечным замыслом.)

Бог подлинно «хочет, чтобы все люди спаслись и достигли познания истины». И все же «по предвечному определению, которое Он исполнил во Христе Иисусе, Господе нашем» (Еф. 3:11), Он избрал только избранных «от мира» (Иоан. 17:6), а остальных оставил без внимания, предав их гибельным последствиям их греха (см. Рим. 1:18–32). Вина за их гибель полностью лежит на них самих, потому что они согрешили и отвергли Бога. Бог не виноват в их неверии.

Поскольку Бог «хочет, чтобы все люди спаслись», нам не нужно убеждаться в том, что человек избран, прежде чем молиться о его спасении. Только Бог знает, кто все избранные (2 Тим. 2:19). Мы можем молиться «за всех человеков» с полной уверенностью, что «это хорошо и угодно Спасителю нашему Богу». В конце концов, «щедр и милостив Господь, долготерпелив и многомилостив. Благ Господь ко всем, и щедроты Его на всех делах Его» (Пс. 144:8–9).

Господь охотно принимает молитву о погибающих, потому что она согласуется с Его желанием спасти их. Такая молитва также соответствует Его характеру как Спасителя. Его спасительный характер проявляется через Его Сына, Иисуса Христа (1 Тим. 2:5–6).

Бог — «Спаситель всех человеков» во временном смысле, «а наипаче верных» — в вечном смысле (1 Тим. 4:10).

Когда Бог «хочет, чтобы все люди спаслись», это соответствует тому, Кто Он такой. В Исаии 45:22 Бог сказал:

«Ко Мне обратитесь, и будете спасены, все концы земли…» Исаия 55:1 призывает: «Жаждущие! Идите все к водам» спасения. И еще, в Иезекииля 18:23, 32, Бог очень ясно сказал, что Он не желает, чтобы нечестивые погибли, но чтобы они искренне раскаялись (см. 33:11). В Новом Завете Петр писал: «Не медлит Господь исполнением обетования, как некоторые почитают то медлением; но долготерпит нас, не желая, чтобы кто погиб, но чтобы все пришли к покаянию» (2 Пет. 3:9).

Никакое истинное библейское богословие не может учить, что Богу нравится гибель нечестивых. Но при этом Бог прославится даже в справедливом осуждении неверующих (см. Рим. 9:22–23). Как Его избирающая благодать и предопределенный замысел могут сочетаться с Его любовью к миру и желанием, чтобы Евангелие было проповедано всем людям, и при этом возлагать на них ответственность за их собственное отвержение и осуждение, — это божественная тайна. Писание утверждает Божью любовь к миру, Его неудовольствие при осуждении грешников, Его желание, чтобы все услышали Евангелие и были спасены. Оно также учит, что каждый грешник не в состоянии уверовать, но несет ответственность за это, и будет осужден, если не уверует. Венцом учения Писания по этому вопросу служит великая истина о том, что Бог избрал всех верующих и возлюбил их еще до основания мира.

«Достигли познания истины» означает спасение. Слово epignōsis («познание») четыре раза встречается в Пастырских посланиях (1 Тим. 2:4; 2 Тим. 2:25; 3:7; Тит. 1:1), и в каждом случае речь идет об истинном знании, дающем спасение. Бог отнюдь не желает их гибели, Он хочет, чтобы погибающие пришли к спасительному познанию истины.

Некоторые утверждают, что 1 Тимофею 2:3–7 учит универсализму. Если Бог желает спасения всех людей, рассуждают они, то все будут спасены, а иначе Бог не получит того, чего хочет. Другие утверждают, что все, чего хочет Бог, произойдет, потому что «все люди» обозначает все классы людей, а не каждого отдельного человека. Однако ни одна из этих точек зрения не требуется. Мы должны различать Божью волю как установление (Его вечный замысел) и Его волю, выраженную как желание. «Желание» образовано не от слова boulomai, что скорее выражало бы Божью волю установления, а от thelō, использованное Павлом в 1 Тимофею 2, которое может выражать Божью волю желания. Именно такое различие богословы часто проводят между тайной и явленной волей Бога.

Бог желает многое из того, что Он не предопределил. Бог никогда не желал, чтобы грех существовал; однако неоспоримое существование греха доказывает, что даже он исполняет Его вечный замысел (Ис. 46:10) — хотя Он ни в коем случае не автор греха (Иак. 1:13).

Иисус оплакивал Иерусалим: «Иерусалим, Иерусалим, избивающий пророков и камнями побивающий посланных к тебе! Сколько раз хотел Я собрать детей твоих, как птица собирает птенцов своих под крылья, и вы не захотели!» (Матф. 23:37). Джон Мюррей и Нед Б. Стоунхаус писали: «Мы убедились, что Сам Бог выражает горячее желание, чтобы исполнилось что-то из того, чему в Своем непостижимом совете Он не установил произойти»[42]. Бог хочет, чтобы все люди спаслись. Именно из-за своего намеренного отказа от Него они отправляются в ад. Библейские истины

---

42 John Murray and Ned B. Stonehouse, *The Free Offer of the Gospel* (Phillipsburg, NJ: Presbyterian and Reformed, 1979), 26.

об избрании и предопределении не отменяют нравственной ответственности человека.

Отражает уникальность Бога

Одно из самых фундаментальных учений Писания гласит: «един Бог» (см. Втор. 4:35, 39; Ис. 43:10; 1 Кор. 8:4, 6). Это противоречит плюралистической религиозности нашего мира, отвергающей понятие о какой-либо исключительной религиозной истине. Дух чрезмерной толерантности нашего века учит нас, что боги христиан, иудеев, мусульман, буддистов и индуистов должны считаться в равной степени правомерными. Если бы это было так, то было бы много путей спасения, и поэтому благовестие было бы не нужно. Но поскольку есть только один истинный Бог, то Он и есть Тот Самый, в Кого все должны верить, чтобы спастись (1 Тим. 2:5). Нет другого имени под небом, которым грешники могли бы спастись (Деян. 4:12). Евангелизационная молитва признает, что все должны прийти к единому истинному Богу.

Соответствует Личности Христа

Не только един Бог, но «един и посредник между Богом и человеками, человек Христос Иисус». «Посредник» (или ходатай) — это тот, кто встает между двумя сторонами, чтобы восстановить мир и утвердить завет. Представление о посреднике видно из жалобы Иова: «Нет между нами посредника, который положил бы руку свою на обоих нас» (Иов. 9:33). Поскольку Христос — единственный посредник, все должны прийти к Богу через Него (Деян. 4:12). Нет бесконечной череды эонов, или низших богов, как учили гностики. Мы приближаемся к Богу не через заступничество ангелов, святых или Марии. Только «человек Христос Иисус» дает людям возможность приблизиться к Богу. В Евреям 8:6 сказано, что «лучшего Он ходатай завета», а Евреям 9:15 и 12:24 описывают Его как ходатая нового завета. Каждый, приходящий к Богу, должен приходить через Него.

Отражает полноту Христова искупления

Наш Господь добровольно отдал Свою жизнь, умерев за наши грехи. В Иоанна 10:17–18 Он сказал:

> Потому любит Меня Отец, что Я отдаю жизнь Мою, чтобы опять принять ее. Никто не отнимает ее у Меня, но Я Сам отдаю ее. Имею власть отдать ее и власть имею опять принять ее. Сию заповедь получил Я от Отца Моего.

Он добровольно пошел на крест и отдал всего Себя, а не только что-то, чем Он обладал.

«Искупление» (или выкуп) — насыщенный богословский термин, описывающий заместительную смерть Христа за нас. Это не простое слово со значением «выкуп», lutron, а antilutron, с добавлением приставки, усиливающей значение. Христос не просто заплатил выкуп, чтобы освободить нас; Он стал жертвой вместо нас. Он умер нашей смертью и понес наш грех. Он отдал Себя.

Фраза: «предавший Себя для искупления всех» — это высказывание о достаточности искупления, а не о его замысле. Используя известное выражение, можно сказать, что выкуп, уплаченный Христом Богу для удовлетворения

Его справедливости, достаточный для всех, но действенный только для избранных. Поэтому Христово искупление неограниченное по своей достаточности, но ограниченное по своему применению. Реальные блага предоставляются для «всех» благодаря искупительному труду Христа. Евангелие можно проповедовать всем без исключения (Марк. 16:15); вода жизни и предложение Божьей милости свободно доступны всем (Откр. 22:17); Христос предстает как Спаситель всех (1 Иоан. 4:14; 1 Тим. 4:10). Более того, во временном смысле, когда Адам и Ева согрешили, весь род человеческий был избавлен от немедленного уничтожения и суда (привилегия, которой не удостоились падшие ангелы, Евр. 2:16), а отдельные грешники теперь пользуются общей благодатью и отсрочкой Божьего суда над их грехами. Богослов XIX века Уильям Шедд писал:

> Искупление имеет достаточную ценность, чтобы искупить грех всех людей без исключения; и этот факт следует констатировать, потому что это факт. Нет ни одного требования справедливости, которое бы еще не было удовлетворено; нет ни одного греха человека, за который не было бы предоставлено бесконечное искупление. <...> Поэтому призыв «прийти» обращен ко всем[43].

Это не значит, что все будут спасены. Смерть Христа достаточна, чтобы покрыть грехи всех людей, но она применяется только к избранным. Уплаченная цена бесконечна — ее хватит на всех. «Христово искупление… — это божественный акт. Оно неделимо, неисчерпаемо, самопо

---

43 William G. T. Shedd, *Dogmatic Theology*, (Nashville, TN: Thomas Nelson, 1980), 2:482.

себе достаточно, чтобы покрыть вину за все грехи, которые когда-либо будут совершены на земле»[44]. Поэтому спасение можно искренне и законно предлагать всем, хотя откликнутся только избранные. Шедд продолжает: «Объем предлагаемого лекарства неограничен количеством людей, настроенных купить его и использовать. Его пригодность для лечения болезней — единственное соображение при продаже, и поэтому его предлагают всем»[45].

Крайне важно понять, что искупительный труд Христа полностью исполняет все, что, как объявил Бог в вечном прошлом, Он совершит для спасения грешников. Неверие тех, кто отвергает Христа, ни в коей мере не мешает Божьему суверенному замыслу. Христово искупление — это не безуспешная попытка спасти кого-то, кто не будет спасен. Все, кого Бог от вечности задумал спасти, будут спасены (см. Иоан. 17:12). Однако стоит еще раз повторить, что хотя спасительный замысел Бога ограничен избранными, Его желание спасти грешников простирается на весь род человеческий. Он «хочет, чтобы все люди спаслись и достигли познания истины». Поэтому Христос «отдал Самого Себя как выкуп [достаточный] за всех людей» (НРП). Как наглядно искупительный труд Христа показывает нам Божье желание спасать грешников!

Вот почему Павел сказал, что искупление — это «свидетельство [Христа] в положенное время» (Кассиан). Эта мысль точно параллельна Галатам 4:4–5: «…но когда пришла полнота времени, Бог послал Сына Своего (Единородного), Который родился от жены, подчинился закону, чтобы

44   R. L. Dabney, *The Five Points of Calvinism* (Harrisonburg, VA: Sprinkle, 1992), 61.
45   Shedd, *Dogmatic Theology*, 2:482.

искупить подзаконных…» Христос «отдал Самого Себя как выкуп» точно «в положенное время» в Божьем плане искупления. Его искупительный труд — самое красноречивое свидетельство о желании Бога спасти грешников. Поэтому евангелизационная молитва за всех людей отражает Божье желание и воздает честь крестному подвигу Христа.

Согласуется с божественным поручением Павла

Павел написал: «…для которого я поставлен проповедником и Апостолом…» (1 Тим. 2:7). Божественное поручение Павла основывалось на великих истинах о том, что Бог — наш Спаситель, что Христос — наш Посредник и что Христос отдал Себя для искупления, о чем говорилось в предыдущих стихах. Слово «проповедник» происходит от глагола kērussō, который означает «возвещать, провозглашать или говорить публично». В древнем мире не было средств массовой информации, поэтому объявления делались на городских площадях. Павел был глашатаем, провозглашавшим Евангелие Иисуса Христа. Апостол был вестником, посланным от имени Христа. Если бы Евангельская весть была исключительной, это подрывало бы призвание Павла.

Мы тоже призваны возвещать Евангелие погибающему миру. Это призвание, как и божественное поручение Павла, основано на желании Бога, чтобы все были спасены. Евангелизационная молитва признает нашу ответственность.

Величайший пример евангелизационной молитвы — Сам Господь. Исаия 53:12 говорит нам, что Он «за преступников сделался ходатаем». На кресте Он молился: «Отче! Прости им, ибо не знают, что делают» (Лук. 23:34). Ответом Бога на эти молитвы стали три тысячи новообращенных в день Пятидесятницы и еще бесчисленные тысячи на протяжении веков.

Молитесь ли вы так за погибающих? Есть ли у вас такая же страстность, что вдохновляла Джона Нокса взывать: «Дай мне Шотландию, или я умру»? Есть ли у вас такой же настрой, как у Джорджа Уайтфилда, который молился: «Господи, дай мне души или возьми мою душу»? Можете ли вы, как Генри Мартин, сказать: «Я не вынесу существования, если Иисуса будут так бесчестить»?

Бог ценит ваши молитвы о погибающих. Среди тех, кто убивал Стефана, был юноша по имени Савл Тарсянин. Разве не может быть, что спасение великого апостола было ответом на молитву Стефана: «Господи! Не вмени им греха сего» (Деян. 7:60)? Благовестие начинается с молитвы.

Готовы ли вы остаться наедине с Богом? Теперь у вас есть все необходимое, чтобы войти в Его присутствие и поговорить о многом. Иисус дал вам образец, которому надо следовать, а апостол Павел предложил вам список приоритетов. Надеюсь, вы откроете для себя настоящую силу и страстность, когда будете молиться согласно этим истинам. И пусть в результате вы станете еще больше похожи на Христа и увидите, как многие избранные войдут в Царство.

РУКОВОДСТВО
ДЛЯ ОБСУЖДЕНИЯ

Для личного изучения

Сядьте в свое любимое кресло с Библией, ручкой или карандашом и этой книгой. Прочитайте главу из этой книги, отмечая места, которые кажутся вам важными. Пишите на полях.

Помечайте, с чем вы согласны, с чем не согласны или в чем сомневаетесь. Смотрите приведенные тексты Писания.

Затем рассмотрите вопросы, предложенные в этом руководстве для обсуждения. Если вы хотите письменно фиксировать свой прогресс, записывайте в блокнот свои ответы, мысли, чувства и дальнейшие вопросы. Обращайтесь к тексту и Писанию, по мере того как вопросы будут углублять ваши размышления.

И молитесь. Просите Бога дать вам проницательный ум для понимания истины, активную заботу о других и большую любовь к Нему.

Для группового изучения

Планируйте заранее

Перед встречей группы прочитайте и сделайте пометки в главе, как если бы вы готовились к личному изучению. Просмотрите вопросы, мысленно отмечая, как вы можете внести свой вклад в обсуждение в группе. Возьмите с собой на встречу Библию и книгу.

Создайте обстановку, способствующую дискуссии

Расставьте удобные стулья в круг, чтобы расположить людей к общению друг с другом. Затем скажите: «Мы собрались, чтобы слушать друг друга, отвечать на вопросы и учиться вместе». Если вы руководитель, просто постарайтесь сесть так, чтобы у вас был зрительный контакт с каждым человеком.

Следите за временем

Для многих людей время также ценно, как и деньги. Если группа затянется (из-за запоздалого начала), эти люди будут чувствовать, что их обокрали, как если бы вы обчистили их карманы. Поэтому, если только вы не договорились иначе, начинайте и заканчивайте вовремя.

Привлекайте всех участвовать

Групповое изучение лучше всего проходит при более или менее равном участии всех присутствующих. Если вы по природе разговорчивы, держите паузу, прежде чем вступить в разговор. Затем спросите молчаливого человека, что он думает поэтому поводу. Если вы по природе слушатель, не стесняйтесь вступать в обсуждение. Ваши мысли пойдут на пользу другим — но только если вы их выскажете. Если вы лидер, будьте внимательны, чтобы не доминировать на занятии. Конечно, вы заранее продумали план занятия, но не думайте, что люди пришли только для того, чтобы послушать вас, — как бы лестно это ни казалось. Вместо этого помогите участникам делать собственные открытия. Задавайте вопросы, но вставляйте свои идеи только по мере необходимости, чтобы заполнить пробелы.

Задавайте темп изучения

Вопросы для каждого занятия рассчитаны примерно на один час. Первые вопросы формируют основу для дальнейшего обсуждения, поэтому не проходите их слишком быстро, чтобы не упустить ценное основание. Однако последующие вопросы часто касаются «здесь и сейчас». Поэтому не затягивайте с началом слишком долго, чтобы осталось время на «личное». Хотя руководитель должен следить за временем прохождения вопросов, каждый участник группы должен помогать поддерживать равномерный темп изучения.

Молитесь друг за друга — вместе или в одиночку

Затем наблюдайте, как Божья рука действует в жизни каждого из вас. Обратите внимание, что в каждом занятии есть следующие элементы:

Тема занятия — краткое высказывание, обобщающее содержание занятия.

Укрепление отношений — мероприятие, направленное на знакомство с темой занятия и/или друг с другом.

Вопросы — список вопросов, поощряющих самостоятельное или групповое изучение и применение.

Акцент на молитве — предложения о том, как превратить изучение в молитву.

Дополнительные мероприятия — вспомогательные идеи, позволяющие углубить изучение.

Задание — упражнения или подготовка, которые нужно выполнить до начала следующего занятия.

1

СЕРДЦЕ, УСТРЕМЛЕННОЕ К БОГУ

Тема занятия

Верующий, чье сердце устремлено к Богу, будет взращивать постоянный молитвенный настрой на протяжении всего дня.

Укрепление отношений (выберите одно)

1. Современное общество предлагает нам множество вариантов, как провести свободное время. Назовите одно дело, которым вы любите заниматься на досуге. Как вы думаете, бывает ли так, что это занимает слишком много вашего времени?

2. Какой вы человек — утренний или вечерний? Или время суток не влияет на вашу собранность? Как ваш ответ влияет на то, когда вы уделяете продолжительное время молитве?

Вопросы для группового изучения

1. Хорошо ли дыхание иллюстрирует то, какой должна быть молитва? Почему да или нет?

2. Почему на практике христианин может вести себя как гуманист? Назовите и обсудите несколько вещей (программ, методов, ресурсов), которые, по вашему мнению, могут привести к этому.

3. Как чудесные события в день Пятидесятницы повлияли на молитвенную практику ранней церкви (Деян. 1–2; 6:4)?

4. Что вы представляли себе, когда впервые услышали слова: «Непрестанно молитесь»? Отличается ли это от вашего нынешнего понимания 1 Фессалоникийцам 5:17? Если да, то в чем?

5. Как формулировка в начале Ефесянам 6:18 помогает объяснить всеобъемлющий характер молитвы?

6. Какие два важных, но разных урока мы можем извлечь из молитвы в Гефсиманском саду (Матф. 26:36–46; Лук. 22:40–46)?

7. Чем притчи в Луки 11:5–10 и 18:1–8 отличаются от других притч, рассказанных Иисусом?

8. Почему так важно молиться «в Духе»? (См. Рим. 8:26–27.)

Акцент на молитве

• Молитесь, чтобы с началом этого изучения Бог помог вам и каждому члену вашей группы лучше осознать необходимость ежедневной молитвы.

• Примите решение уделять достаточно времени в конце каждой встречи, чтобы молиться всей группой и следить за исполнением молитвенных просьб с предыдущих недель.

Дополнительные мероприятия

1. Перечитайте длинную цитату Чарльза Сперджена в разделе «». Попробуйте переписать ее более современным языком. Используйте хотя бы одну современную иллюстрацию, которая бы наглядно показывала, как молитва должна быть образом жизни.

2. В течение следующего месяца ведите молитвенный дневник. Записывайте, о чем и о ком вам нужно молиться. Также оставляйте место, чтобы записывать ответы на молитвы. Поделитесь с верующим другом хотя бы одним из ответов, которые даст Господь.

Задание

1. Выучите наизусть Ефесянам 6:18.
2. Прочитайте 2-ю главу книги «Наедине с Богом».

2

ИСКАТЬ
ГОСПОДА ВТАЙНЕ

Тема занятия

Бог хочет, чтобы мы обращались к Нему в молитве со смирением, открытостью и искренностью, а не с гордостью и лицемерием, как фарисеи.

Укрепление отношений (выберите одно)

1. Расскажите, какое место для отдыха вам больше всего нравится (такое, где вы можете побыть в одиночестве). Возможно, кто-то захочет более подробно описать, где находится такое место и что оно из себя представляет.

2. Все мы не любим неискренность и притворство в повседневной жизни. Можете ли вы вспомнить случай (возможно, с чрезмерно настойчивым продавцом), который вызвал у вас особое раздражение?

Вопросы для группового изучения

1. Какое представление о значении молитвы было в Ветхом Завете? (См. Пс. 64:3; 90:15; 144:18.)

2. Как пророк Исаия показал пример благоговения, оказавшись лицом к лицу с Богом? (См. Ис. 6.)

3. Было ли у евреев чувство солидарности? Если да, то на чем это было основано и как влияло на их молитвенную жизнь?

4. Каковы некоторые характеристики и особенности ритуальной молитвы? Как называются две наиболее распространенные формальные молитвы у евреев?

5. Есть ли у вас склонность к слишком длинным публичным молитвам? Если да, снова посмотрите на предостережение Иисуса в Марка 12:40 и подумайте, как можно сократить свои молитвы.

6. Какой грех был в центре подхода фарисеев к молитве (Матф. 6:5)?

7. Какую черту молитвы евреи позаимствовали у язычников? Это улучшало или ухудшало содержание возносимых к Богу молитв?

Акцент на молитве

• Выделите время на предстоящей неделе, чтобы проверить свои мотивы для молитвы. Попросите Бога открыть вам, что может мешать вашей регулярной молитве.

• Есть ли у вас тихое место, где вы можете молиться? Если нет, попросите Бога дать вам место, где вы сможете отрешиться от всего остального и побыть с Ним. Если у вас есть такое место, поблагодарите Его за то, что Он его дал.

• Ежедневная молитва может стать однообразной. Просите Господа давать вам новые силы и новое желание быть верным в молитве.

Дополнительные мероприятия

1. Сходите в церковную библиотеку или местный христианский книжный магазин и купите еще одну книгу о молитве. Прочитайте ее за следующие несколько недель и выпишите то, что может дополнить тему книги «Наедине с Богом».

2. Большинство из нас получают хотя бы пару молитвенных писем от миссионеров или христианских служений. Перечитайте несколько последних писем и оцените их по тому, насколько хорошо в них изложены молитвенные нужды. Считаете ли вы, что они эгоцентричны, или же они стремятся привлечь внимание к Богу? Запишите свои мысли.

Задание

1. Прочитайте Матфея 6:8–13 и Луки 11:1–4. Обратите внимание на различия в контексте и формулировке молитвы «Отче наш».

2. Прочитайте 3-ю главу книги «Наедине с Богом».

3

«ОТЧЕ НАШ»

Тема занятия

Молитва всегда должна начинаться и заканчиваться признанием того, что мы можем и должны прославлять Бога как нашего Отца.

Укрепление отношений (выберите одно)

1. В некоторых церковных традициях молитву «Отче наш» читают каждую неделю как часть богослужения. Считаете ли вы, что эта практика соответствует Писанию? Почему да или нет?

2. Несколько лет назад библейский комментатор Дж. Б. Филлипс написал книгу под названием «Ваш Бог слишком мал». Действительно ли люди и сегодня ожидают от Бога слишком мало? Или они слишком многого требуют от Него, когда молятся?

Вопросы для группового изучения

1. Какую великую истину показали в своих молитвах Иона, Даниил и Иеремия? Снова прочтите тексты Иона 2, Даниил 9 и Иеремия 32.

2. Какое более точное название мы могли бы дать молитве «Отче наш»?

3. Реконструируйте одну из структур или схем этой молитвы, которая, по вашему мнению, лучше всего отражает цель Иисуса, когда Он дал ее ученикам. Почему вы выбрали именно ее?

4. Что отличает детей света от детей тьмы? (См. 2 Пет. 1:4; Еф. 5:8.)

5. Какие 5 элементов составляли отцовство Бога для ветхозаветных евреев? Как вы думаете, с какими из них верующим сегодня легче всего соотнести себя?

6. Какое слово, означающее «отец», Иисус часто использовал, обращаясь к Богу? Что это значит?

7. Прочитайте еще раз Матфея 7:7–11. Что из этого отрывка кажется вам наиболее полезным или утешительным?

8. Какие преимущества в том, что Бог — наш Отец? Как бы вы расположили их в порядке важности?

Акцент на молитве

• Не у всех есть хорошие отношения со своим земным отцом (или приятные воспоминания о нем). Молитесь и благодарите Бога за то, что Он всегда рядом как любящий Небесный Отец.

* Что было в центре ваших молитв в последнее время? Если это было слишком эгоцентрично, попросите Господа помочь, чтобы ваша молитва была больше сосредоточена на Нем.

Дополнительные мероприятия

1. Проведите краткое изучение личности и качеств Бога. Прочитайте классическую работу на эту тему, например, Эйдена Тозера «Величие Бога» или Джеймса Пакера «Познание Бога». Сделайте заметки о прочитанном и расскажите группе, что было самым полезным в вашем изучении.
2. Прочитайте 138-й псалом и поразмышляйте над тем, что в нем сказано о вездесущности и всеведении Бога. Запишите несколько ключевых стихов на память.

Задание

1. Начните заучивать Матфея 6:9–13.
2. Прочитайте 4-ю главу книги «Наедине с Богом».

4

«ДА СВЯТИТСЯ ИМЯ ТВОЕ»

Тема занятия

Когда христиане обращаются к Богу в молитве, они должны напоминать себе о Его святости и величии Его имени.

Укрепление отношений (выберите одно)

1. Как вы реагируете, когда слышите, что кто-то произносит имя Господа напрасно? Как вы думаете, как правило, лучше просто проигнорировать это или сделать человеку замечание?

2. Имена людей имеют для них большое значение. Если можете, расскажите что-нибудь интересное о своем имени или о выборе имени для ребенка.

Вопросы для группового изучения

1. Какая основная причина существования церкви и каждого человека в ней?

2. Какое самое известное древнееврейское имя Бога? (См. Исх. 3:14.) Почему евреи не произносили это имя вслух?

3. В Писании имена были чем-то большим, чем просто титулы. Что более важное они представляют собой или к чему приравниваются?

4. Как Иисус открыл Своим ученикам характер Бога? (См. Иоан. 1:14; 14:9.)

5. В каком стихе Ветхого Завета перечислено больше имен Иисуса Христа, чем в любом стихе Нового Завета?

6. Какие современные слова можно использовать как синонимы для выражения «да святится»? Что они говорят о наших отношениях с Богом?

7. Какая самая главная истина о Боге или самый важный атрибут Бога (Ис. 6:3)?

8. В разделе «» приведено 9 примеров «трепета святости». Как вы думаете, с какими из них сложнее всего справиться и почему?

9. Какие три истины необходимо усвоить, чтобы полностью «святить» Божье имя?

Акцент на молитве

• Как в последнее время у вас обстоят дела с ревностью по достоинству Божьего имени и с ростом в собственном освящении? Проведите некоторое время в молитве, анализируя свое отношение. Попросите Бога простить ваше равнодушие и увеличить ваше желание познать Его.

- Насколько уважительно вы относитесь к доброму имени (репутации) других христиан, особенно руководителей вашей церкви? Молитесь о том, чтобы вы были верны в этом отношении и чтобы у этих руководителей было доброе свидетельство в общине.

Дополнительные мероприятия

1. Выпишите каждое еврейское имя Бога с его переводом на отдельный лист бумаги или карточку. Постарайтесь выучить значения всех 11 терминов. Найдите и запишите отрывки из Ветхого Завета, где они используются.

2. У вас когда-нибудь был «трепет святости»? Это могло произойти, когда вы стали христианином или позже. Расскажите об этом опыте на следующем занятии. Возможно, вы захотите пересказать чужой опыт (кого-то не из вашей группы), если сочтете это более уместным или своевременным. Если вы не будете делиться свидетельством с группой, запишите свои воспоминания в виде молитвы или «открытого письма» с благодарностью Богу.

Задание

1. Продолжайте заучивать Матфея 6:9–13. Каждый день повторяйте какую-то часть.
2. Прочитайте 5-ю главу книги «Наедине с Богом».

5

«ДА ПРИИДЕТ ЦАРСТВИЕ ТВОЕ»

Тема занятия

НашимолитвыдолжнысодействоватьустановлениюБожь-его Царства и правлению Христа в нем.

Укрепление отношений (выберите одно)

1. Что в современной культуре вас сильно беспокоит? Каким образом это способствует постхристианской или антихристианской атмосфере в нашей стране?

2. Есть ли у вас планы на будущее, связанные с карьерой, семьей или личным развитием? Как соотносится время, затраченное на эти надежды, с тем временем, которое вы уделяете церкви и укреплению Божьего Царства? Сложно ли поддерживать баланс?

Вопросы для группового изучения

1. Какова главная задача церкви в этом мире? Влияние каких факторов отвлекает ее от этого?
2. Вправе ли христианин приносить Богу в молитве свои собственные планы и цели? Какое единственное условие придает им правомерность?
3. Что больше всего противостоит Царству Христа и христианской жизни?
4. Какая общая черта присуща всем великим империям, существовавшим на протяжении мировой истории?
5. Какой из трех временных аспектов Божьего Царства — прошлый, настоящий или будущий — должен занимать главное место в нашей молитве?
6. Что поможет нам примирить кажущиеся несовместимыми истины о том, что Божье Царство уже существует, но также наступит в будущем?
7. Какие два главных обстоятельства связаны с приходом Царства на землю?

Акцент на молитве

- Молитесь о нашей стране и ее культуре. Просите Бога обратить сердца людей от греха к Нему.
- Благодарите Бога за чудесную привилегию быть членом Его Царства. Помолитесь о нескольких людях по имени, которые, как вы знаете, не принадлежат к Божьему Царству.
- Каковы ваши приоритеты в связи со служением в Божьем Царстве и помощью в его укреплении? Если они

должныбольшесоответствоватьБожьимприоритетам, попросите у Него мудрости и руководства, чтобы внести необходимые поправки.

Дополнительные мероприятия

1. Проведитедополнительноеизучениеприроды Божьего Царства. О том, как Царство противопоставляется мирской системе, прочитайте в книге Мартина Ллойда-Джонса «Нагорная проповедь» (Харьков: Біблос-Альфа, 2005), уделяя особое внимание главам, где рассматривается Матфея 6–7. О том, как верующие должны жить в Божьем Царстве сегодня, читайте в моей книге «Жизнь в Царстве здесь и сейчас» (Kingdom Living Here and Now).

2. Прочитайте и изучите притчи о Царстве в Матфея 13:1–52. Кратко изложите своими словами тему или темыотрывка.Запишитесходстваиразличия,которые вы заметили в разных притчах о царстве.

Задание

1. Повторите заученный отрывок Матфея 6:9–13. Начните также заучивать Псалом 2:6–8.

2. Прочитайте 6-ю главу книги «Наедине с Богом».

6

«ДА БУДЕТ ВОЛЯ ТВОЯ»

Тема занятия

Когда мы молимся, наша воля должна соответствовать Божьей волей, и мы должны желать, чтобы Его воля исполнялась во всем мире.

Укрепление отношений (выберите одно)

1. Как вы склонны рассматривать результаты своих молитв: больше с точки зрения собственной убедительности или с точки зрения того, как Бог ответил на ваши просьбы? Объясните свой ответ.

2. Опишите недавний пример того, как вы твердо хотели добиться своего в какой-то ситуации. Создавало ли ваше отношение трудности для вас или для других?

Вопросы для группового изучения

1. Как Давид (Пс. 39:9) и Иисус (Иоан. 4:34) показали, что им знаком дух третьего прошения?

2. Как бы вы описали представление поэта Омара Хайяма о Боге? Подберите одно или два подходящих прилагательных.

3. Что история из Деяний 12 говорит нам о слабых местах в молитвенной жизни ранней церкви? (См. особ. ст. 1–17.)

4. Какая напряженность всегда существует между Богом и человеком, если говорить о ходе событий в жизни? Как вы разрешили эту напряженность в своем мышлении?

5. Как и когда Иисус проявлял чувство праведного восстания в связи с Божьей волей?

6. Как большинство христиан относятся к молитве, когда нужно добиться перемен или что-то изменить? Какое отношение должно заменить эту точку зрения?

7. Какие три аспекта Божьей воли обсуждаются в конце этой главы? Назовите одну или две основные характеристики каждого аспекта.

8. Каким образом молитва может быть средством прогрессирующего освящения? Можете ли вы вспомнить пример, как это произошло в вашей жизни или в жизни близкого человека?

Акцент на молитве

• Молитесь и просите Бога привести ваше сердце и разум в соответствие с Его волей во всем. Если вам трудно понять Его волю в определенной ситуации, особенно молитесь об этом.

- Есть ли нарушение Божьей воли, в отношении которого ваши действия могли бы принести пользу? Если да, молитесь о мудрости и смелости, чтобы принять соответствующие меры.
- На следующей неделе уделите время благодарности Богу за то, что Его воля во многом исполняется по всему миру.

Дополнительные мероприятия

- Проведите дополнительное изучение Божьего замысла в позволении зла. Прочитайте 5-ю главу «Грех и исцеление от греха» моей книги «Отмирающая совесть» и запишите ключевые моменты этого раздела.
- Прочитайте книгу Филипа Келлера «Взгляд мирянина на молитву Господню» (Philip Keller, A Layman Looks at the Lord's Prayer). Обращайте внимание на темы для обсуждения, дополняющие те, что освещены в книге «Наедине с Богом».

Задание

1. Выучите наизусть Римлянам 12:1–2.
2. Прочитайте 7-ю главу книги «Наедине с Богом».

7

«ХЛЕБ НАШ НАСУЩНЫЙ ДАЙ НАМ НА СЕЙ ДЕНЬ»

Тема занятия

Поскольку Бог обещал заботиться обо всех наших физических нуждах, мы можем с уверенностью и благодарностью молиться Ему, чтобы Он каждый день давал нам все необходимое.

Укрепление отношений (выберите одно)

1. Большинство из нас мечтает обладать материальными благами, помимо предметов первой необходимости. Плохо ли молиться об этом?
2. Было ли недавно время, когда вы не находились в состоянии относительного изобилия? Если да, то каким образом Господь удовлетворял ваши потребности в хлебе насущном?

Вопросы для группового изучения

1. Чему из семейной сферы подобна зависимость верующего от Бога?

2. Какие потребности охватывает слово «хлеб»?

3. Какими практическими и типичными способами люди отрицают, что Бог — источник всего, что у них есть?

4. Является ли нездоровой забота об окружающей среде и технологических инструментах для управления природными ресурсами? Как мы можем сбалансировать эти заботы с признанием того, что все, что у нас есть, — от Бога?

5. Благодаря какому факту заголовок этой главы можно считать правомерным прошением? (См. Пс. 36:3–4, 10–11, 25.)

6. Как нехристианские религии в целом способствовали тому, что в некоторых частях мира не хватает хлеба насущного? Какой конкретный пример приводится в этой главе?

7. Разумеется, Бог может заботиться о нас чудесным образом, но как Он обычно восполняет наши нужды (2 Фес. 3:10–12)?

Акцент на молитве

• Знаете ли вы миссионеров, которым, возможно, трудно обеспечивать свои ежедневные потребности или ежедневные потребности тех, кому они служат? Уделите особое время, чтобы помолиться за них сегодня.

- Молитесь, чтобы Бог помог вам и другим членам вашей учебной группы проживать один день за один раз и доверять Богу в удовлетворении ваших повседневных нужд.
- Поблагодарите Господа за то, что Он дал вам, Своему ребенку, все необходимое.

Дополнительные мероприятия

1. Проведите краткое изучение 2 Коринфянам 9. Проверьте, как вы делитесь своими ресурсами и делаете духовные инвестиции в Божье дело. Нужно ли вам увеличить усилия или добавить что-то, что вы упускали?
2. В ближайшие недели посвятите часть своего времени волонтерству в местной социальной столовой, приюте для бездомных или подобному учреждении. (Если рядом с вами нет ничего подобного, молитесь о возможности помочь семье из вашей церкви, которая, возможно, нуждается в материальной поддержке.)

Задание

1. Попробуйте прочитать наизусть весь отрывок Матфея 6:9–13. Если вам еще трудно, продолжайте повторять и заучивать.
2. Прочитайте 8-ю главу книги «Наедине с Богом».

8

«ПРОСТИ НАМ
ДОЛГИ НАШИ»

Тема занятия

Поскольку христиане продолжают грешить, нам нужно ежедневно молиться о прощении грехов, которое может дать только Бог, наш любящий Отец.

Укрепление отношений (выберите одно)

1. Что вы считаете самой невыносимой чертой характера в других людях? Что помогло бы вам легче принимать таких людей и прощать их?

2. Когда вы в последний раз испытывали огромное облегчение от того, что финансовый долг погашен? Опишите свои впечатления. Какие уроки вы можете извлечь из этого и применить к духовному прощению?

Вопросы для группового изучения

1. По какой двойной причине Божье прощение наших грехов так важно для нас? Как цитата из Джона Стотта связана с этой причиной?

2. Какие 6 отрицательных последствий имеет грех для нашего духовного благополучия? Какие еще плохие побочные эффекты он вызывает для нашего физического здоровья и социального благополучия?

3. Какие 5 греческих слов чаще всего используются для обозначения разных аспектов греха? Как вам кажется, какое слово или слова лучше всего передают смысл?

4. Опишите своими словами масштабы Божьего судебного прощения. Кому доступно такое прощение?

5. Почему верующим по-прежнему нужно Божье родительское прощение?

6. Какие важные истины символизирует омовение ног Иисусом?

7. Какие блага мы получаем, исповедуя свои грехи? Что происходит, когда мы этого не делаем? Почему исповедоваться так трудно?

8. Какой простой принцип показывает нам, что прощение других — это высшая проверка для христиан?

9. В этой главе приведены 7 причин прощать других. Какие 3 из них вы и ваша группа считаете наиболее значимыми? Обсудите в группе свои доводы и посмотрите соответствующие стихи Писания.

Акцент на молитве

- Благодарите Господа за Его чудесное решение проблемы греха.
- Апостол Павел сказал, чтобы мы исследовали себя (2 Кор. 13:5). Это особенно полезно делать перед участием в вечере Господней. Перед следующим причастием в вашей церкви исследуйте свое сердце и принесите все неисповеданные грехи Господу, чтобы Он простил их.
- Как проявляется ваш дух прощения по отношению к другим христианам? Если между вами и другим верующим есть обида или неисповеданный грех, попросите прощения сейчас и молитесь о возможности помириться с ним.

Дополнительные мероприятия

1. Прочитайте книгу Джона Стотта «Признавайтесь в своих грехах» (John Stott, Confess Your Sins). Записывайте свои замечания, мысли и вопросы по ходу чтения. Напишите краткий обзор темы и основных положений книги.

2. Проведите исследование слова «прощение» или одного из терминов, обозначающих грех. По возможности используйте словарь новозаветных слов, библейскую энциклопедию или богословский словарь, а также библейскую симфонию.

Задание

1. Прочитайте Матфея 18 и поразмышляйте над этим текстом. Обратите внимание на многочисленные увещевания о грехе, исповедании и прощении.
2. Повторите текст Матфея 6:9–13. Удаётся ли вам легко пересказать его?
3. Прочитайте 9-ю главу книги «Наедине с Богом».

9

«ИЗБАВЬ НАС
ОТ ЛУКАВОГО»

Тема занятия

Мы вправе просить Бога защитить нас от греха, когда мы сталкиваемся с различными жизненными испытаниями и бедами.

Укрепление отношений (выберите одно)

1. Как вы думаете, какое самое большое препятствие со стороны этого мира, мешающее христианам преуспевать в хождении перед Богом? Почему вы так считаете?
2. По шкале от 0 до 10, как бы вы оценили себя в противостоянии трудностям и опасностям? 0: Вы стараетесь избегать противостояния, когда только возможно, потому что кажется, что вы всегда терпите неудачу. 10: Вы предвкушаете подобные испытания и хотите, чтобы их было больше. Или вы находитесь где-то посредине?

Вопросы для группового изучения

1. Какая особенность у греческого слова, переведенного как «искушение» в Матфея 6:13? Чем оно отличается от нашего слова «искушение»?

2. Как можно наилучшим образом согласовать шестое прошение с увещеваниями и объяснениями в 1-й главе Иакова?

3. Обязательно ли каждое испытание должно стать искушением? Если нет, какой ключевой фактор препятствует этому?

4. Какая общая нить истины проходит через тексты Иова 23:10, 1 Коринфянам 10:13 и 1 Петра 1:6–7?

5. Какой главный ключ к успешному преодолению искушения? (См. Пс. 118:11; Иак. 4:7.)

Акцент на молитве

• Благодарите Господа за то, что силой Святого Духа зло сдерживается от еще большего разгула, чем сейчас.

• Есть ли у вас постоянная борьба с определенным искушением или грехом? Полагайтесь на обетование из 1 Коринфянам 10:13 и просите у Бога силы противостоять искушению в следующий раз, когда оно придет.

Дополнительные мероприятия

1. Проведите сравнительное изучение Матфея 4:1–11 и Луки 4:1–13, двух рассказов об искушении Иисуса

в пустыне. Обратите внимание на сходство между ними. Какие цитаты из Ветхого Завета приводятся в обоих отрывках?

2. В течение следующего месяца во время личного размышления ищите стихи, говорящие о силе Божьего Слова побеждать зло. Составьте список этих стихов и выберите несколько для заучивания. (Постарайтесь включить это упражнение в свое обычное время для чтения и изучения.)

Задание

1. Завершите заучивание текста Матфея 6:9–13. Повторите его столько раз, сколько потребуется, чтобы прочитать его наизусть на следующей встрече группы.
2. Прочитайте 10-ю главу книги «Наедине с Богом».

10

МОЛИТЬСЯ
О ПРАВИЛЬНОМ

Тема занятия

Если мы действительно молимся о правильном, мы сосредоточим свои молитвенные просьбы на том, что касается Божьего Царства и нашего духовного роста.

Укрепление отношений (выберите одно)

1. Какие две или три категории чаще всего преобладают в молитвенных просьбах на обычных молитвенных собраниях в церкви? Соответствует ли большинство просьб Божьим приоритетам?

2. Как бы вы оценили свою систему ценностей в отношении имущества? От какого предмета (предметов) вам будет особенно трудно отказаться? Есть ли что-то еще, без чего можно было бы легко обойтись?

Вопросы для группового изучения

1. Какое разочарование постигло молодого адвоката в рассказе Антона Чехова? Что произошло в результате его разочарования?

2. Что было главной заботой апостола Павла во всех его записанных молитвах?

3. Что всегда подразумевает слово «звание» или «призвание» в посланиях Павла?

4. Какую основную область охватывает понятие «достоинство»? Какими практическими способами вы можете проверить свое достоинство?

5. Почему для христиан так важно поступать достойно? Каковы некоторые отрицательные результаты недостойной жизни?

6. Как Давид мог настолько смело стремиться к истинному духовному исполнению?

7. Какая основная причина того, что многие неверующие продолжают отвергать христианство? Как вести себя так, чтобы окружающие не отвергали истину? (См. Матф. 5:16.)

Акцент на молитве

• Наши молитвенные просьбы часто не совпадают с тем, какими их хотел бы видеть Бог. Вспомните главные вопросы, о которых вы молились в последнее время. Исключите те из них, которые ориентированы на себя, и попросите Бога помочь вам сосредоточиться на правильном.

- Посвятите некоторое время благодарности Господу за то, что Он заботится о вашем духовном росте и предоставляет ресурсы, которые помогают в этом.
- Каждый день в течение предстоящей недели молитесь за разных людей в вашей группе, чтобы они поступали достойно христианского звания.

Дополнительные мероприятия

1. В Новом Завете есть 33 молитвы апостола Павла. Выберите хотя бы 10 из них, чтобы прочитать и изучить их более глубоко. (Многие из них довольно краткие.) Составьте список ключевых элементов в молитвах Павла.
2. Посмотрите список характеристик, говорящих о достойном христианском поведении. Выберите 7 характеристик (по одной на каждый день недели) и запишите их вместе со стихами на отдельных карточках. На следующей неделе каждый день размышляйте над одной из них.

Задание

1. Выучите наизусть один из стихов из списка признаков достойной жизни.
2. Прочитайте 11-ю главу книги «Наедине с Богом».

11
МОЛИТЬСЯ
О ПОГИБАЮЩИХ

Тема занятия

Чтобы участвовать в благовестии погибающим, нам нужно понять основы евангелизационной молитвы.

Укрепление отношений (выберите одно)

1. Трудно ли вам молиться за представителей власти, таких как руководители нашей страны и других государств? Почему так легко забывать молиться об этих людях?

2. Иногда люди обращаются к Христу после того, как за них молились долгие годы. Если кто-то из вашей группы знает подробности такого случая, попросите его рассказать об этом всей группе.

Вопросы для группового изучения

1. Какое выражение в Римлянам 9:1–4 говорит о сильном желании апостола Павла, чтобы его собратья-израильтяне были спасены?

2. Какие четыре термина использует Павел в 1 Тимофею 2:1 в отношении евангелизационной молитвы? Приведите пример, как разные оттенки значения могут относиться к различным нуждам.

3. Как молитва о спасении всех погибающих согласуется с Божьим желанием? (См. Иез. 33:11; Деян. 17:30; 1 Тим. 2:4.)

4. Принесла ли политическая деятельность некоторых христианских групп в последние годы какую-то пользу в благовестии погибающим? Какую истину из 2 Коринфянам 10:4 часто забывают?

5. Какие благоприятные изменения для церкви и отдельных верующих произойдут в нашей стране и обществе в результате верной евангелизационной молитвы?

6. Чем наше поручение молиться о погибающих отличается от молитвы Иисуса в Иоанна 17? (Сравните ст. 9 с 2 Кор. 5:20.)

7. Как вечный спасительный Божий замысел, вместе с Его желанием, чтобы никто не погиб, должен служить нам утешением в молитве за погибающих и свидетельстве им? (См. 2 Тим. 2:19.)

8. Как уникальность Бога должна побуждать нас молиться о погибающих?

9. Уделите некоторое время обсуждению природы Христова искупления. Как оно может быть

неограниченным в достаточности, но ограниченным в применении?

10. На каких истинах было основано поручение Павла как апостола и проповедника? Как это соотносится с ответственностью, которую Бог возложил на нас?

Акцент на молитве

- В течение последнего года насколько усердно вы молились за неспасенных друзей и родственников? Попросите Господа помочь вам сохранить или, если нужно, увеличить ваши усилия.
- Выберите одного неспасенного человека, возможно, члена семьи, и в течение ближайшего месяца уделяйте дополнительное время молитве о его спасении.
- Выразите благодарность Богу за Его великое спасение и за Его удивительную любовь, что Он привлек вас к Себе.

Дополнительные мероприятия

1. Прочитайте книгу Джеймса Пакера «Проповедь Евангелия и всевластие Бога» или Чарльза Сперджена «Спаситель душ» («Как приводить души ко Христу»). Ищите идеи, как вы можете применить написанное в книге в своем благовестии (в свидетельстве и молитве).

2. Если вы знаете пастора-миссионера, который занимается созданием новых церквей, напишите ему письмо и расскажите о своей молитвенной поддержке. Расскажите ему о некоторых принципах, которые вы

узнали из этой главы, и заверьте, что молитесь о людях, которых он стремится достичь с помощью Господа.

Задание

1. Повторите заученный отрывок Матфея 6:9–13. Постарайтесь закончить его заучивание в ближайшие одну-две недели, если вам не удалось выполнить это задание раньше.
2. Начните заучивать 1 Тимофею 2:1–6. Установите для себя срок, за который вы выучите весь отрывок.

The Master's Academy International
www.tmai.org
publishing@tmai.org

www.ingramcontent.com/pod-product-compliance
Lightning Source LLC
Chambersburg PA
CBHW061728120626
46550CB00005B/1744